URSULA KNOTT

AF895318

Die fehlerhafte Ehe im internationalen Privatrecht

Schriften zum Internationalen Recht

Band 87

Die fehlerhafte Ehe im internationalen Privatrecht

Von

Ursula Knott

Duncker & Humblot · Berlin

Die Deutsche Bibliothek – CIP-Einheitsaufnahme

Knott, Ursula:
Die fehlerhafte Ehe im internationalen Privatrecht / von Ursula Knott. – Berlin : Duncker und Humblot, 1997
(Schriften zum internationalen Recht ; Bd. 87)
Zugl.: Köln, Univ., Diss., 1996
ISBN 3-428-08878-6

Alle Rechte vorbehalten
© 1997 Duncker & Humblot GmbH, Berlin
Fremddatenübernahme und Druck:
Berliner Buchdruckerei Union GmbH, Berlin
Printed in Germany

ISSN 0720-7646
ISBN 3-428-08878-6

Gedruckt auf alterungsbeständigem (säurefreiem) Papier
entsprechend ISO 9706 ♾

Meinen Eltern
und meinem Bruder

Vorwort

Die vorliegende Arbeit wurde im Wintersemester 1995/96 von der Rechtswissenschaftlichen Fakultät der Universität zu Köln als Dissertation angenommen.

Das Manuskript wurde im Frühjahr 1995 abgeschlossen und im August 1996 aktualisiert.

Meinem Doktorvater, Herrn Professor Dr. Alexander Lüderitz, gilt mein besonderer Dank für die Anregung des Themas und die wohlwollende Betreuung der Arbeit.

Herrn Professor Dr. Ulrich Hübner danke ich für die Erstellung des Zweitgutachtens.

Herrn Professor Dr. h. c. Norbert Simon bin ich dankbar für die Aufnahme der Arbeit in die Reihe „Schriften zum Internationalen Recht".

Köln, im September 1996 Ursula Knott

Inhaltsverzeichnis

Abkürzungsverzeichnis

a.A.	anderer Ansicht
a. a. O.	am angegebenen Ort
a.F.	alte Fassung
AG	Amtsgericht
al.	alinéa
All ER	All England Law Reports (1936 -)
Anm.	Anmerkung
App.	corte d'appello
Art.; Artt.	Artikel
BayObLG	Bayerisches Oberstes Landesgericht
BayObLGZ	Entscheidungen des Bayerischen Obersten Landesgerichts in Zivilsachen
BG	Schweizerisches Bundesgericht
BGB	Bürgerliches Gesetzbuch
BGBl I, II	Bundesgesetzblatt, mit I oder ohne Ziffer = Teil I; mit II = Teil II
BGE	Entscheidungen des Schweizerischen Bundesgerichts
BGH	Bundesgerichtshof
BGHZ	Entscheidungen des Bundesgerichtshofs in Zivilsachen
BSG	Bundessozialgericht
BT	Bundestag
BüG	Bürgerrechtsgesetz, Schweiz
Bull.	Bulletin des arrêts de la Cour de Cassation, chambres civiles
BVerfG	Bundesverfassungsgericht
BVerfGE	Entscheidungen des Bundesverfassungsgerichts
bzw.	beziehungsweise
CA	Court of Appeal
Cass.	Cour de Cassation / Corte di Cassazione
Cass. civ.	Cour de Cassation, Chambre civile
Cass. req.	Cour de Cassation, Chambre des requêtes
cc	code civil / codice civile / codigo civil
cc fr.	code civil français
cc it.	codice civile italiano
CIEC	Commission Internationale de l'Etat civil
CSP	Code du Statut Personnel et des Successions
D.	Recueil Dalloz

ders.	derselbe
DIP	Droit International Privé
EF	Ehe- und familienrechtliche Entscheidungen, herausgegeben von Friedrich Hluze und Paul Litzlfeller, Wien
EGBGB	Einführungsgesetz zum Bürgerlichen Gesetzbuch
EheG	Ehegesetz
etc.	et cetera
f.; ff.	folgend(e)
F.	Federal Reporter
FamRZ	Ehe und Familie im privaten und öffentlichen Recht. Zeitschrift für das gesamte Familienrecht.
Fasc.	Fascicule
Fn.	Fußnote
Foro It.	Il Foro Italiano
FS	Festschrift
FuR	Familie und Recht
GG	Grundgesetz
ggf.	gegebenenfalls
h.L.	herrschende Lehre
h.M.	herrschende Meinung
HUA	Haager Übereinkommen über das auf Unterhaltspflichten anzuwendende Recht
I.C.L.Q.	International and Comparative Law Quarterly
i.d.F.	in der Fassung
IPR	Internationales Privatrecht
IPRax	Praxis des Internationalen Privat- und Verfahrensrechts
IPRG	Gesetz über das Internationale Privatrecht
IPRspr.	Die deutsche Rechtsprechung auf dem Gebiete des Internationalen Privatrechts
JCP	Jurisclasseur Périodique = La Semaine Juridique
JO	Journal Officiel
JR	Juristische Rundschau
JZ	Juristenzeitung
KG	Kammergericht
LG	Landgericht
lit.	litera
M.C.A.	Matrimonial Causes Act
MDR	Monatsschrift für Deutsches Recht
MüKo	Münchener Kommentar zum Bürgerlichen Gesetzbuch
m.w.N.	mit weiteren Nachweisen
n.	numéro / numero
n.F.	neue Fassung
NJW	Neue Juristische Wochenschrift

Nr.; Nrn.	Nummer(n)
N.Y.S.	New York Supplement
ÖJZ	Österreichische Juristenzeitung
OGH	Oberster Gerichtshof, Österreich
OLG	Oberlandesgericht
o.p.	ordre public
PStG	Personenstandsgesetz
RabelsZ	Zeitschrift für ausländisches und internationales Privatrecht, begründet von Ernst Rabel
RDIPP	Rivista di diritto internazionale privato e processuale
Rev. crit.	Revue critique
Rev. crit. de dip	Revue critique de droit international privé
Rev. crit. de jurisprudence belge	Revue critique de jurisprudence belge
Rev. trim. de droit civil	Revue trimestrielle de droit civil
RG	Reichsgericht
RGBl	Reichsgesetzblatt
RGZ	Entscheidungen des Reichsgerichts in Zivilsachen
Riv. di dir. int. priv. e proc.	Rivista di diritto internazionale privato e processuale
Riv. di dir. proc.	Rivista di diritto processuale
Rn.	Randnummer
RVO	Reichsversicherungsordnung
S.	1. Seite(n)
	2. Recueil Sirey
s.;ss.	section(s)
sog.	sogenannte(r)
StAZ	Das Standesamt, Zeitschrift für Standesamtswesen
st. Rspr.	ständige Rechtsprechung
S.T.S.	Sentencia Tribunale Supremo
UN	Vereinte Nationen
v.	1. vom
	2. versus
VG	Verwaltungsgericht
vgl.	vergleiche
VOBl BZ	Verordnungsblatt für die Britische Zone
z. B.	zum Beispiel
ZBlfJR	Zentralblatt für Jugendrecht
ZGB	Zivilgesetzbuch

Erstes Kapitel

Einleitung

Mit der Freizügigkeit nach Vollendung des Binnenmarktes in Europa und der großzügigen Praxis der Aufnahme und Duldung von Asylbewerbern in den vergangenen Jahren häufen sich gemischt-nationale Ehen. Im Jahre 1993 waren 8% der Männer und Frauen, die in der Bundesrepublik Deutschland die Ehe schlossen, ausländische Staatsangehörige.[1]

Das Eherecht ist als der wirtschaftlich ausgerichteten Rechtsangleichung im Rahmen der Europäischen Union fremde Materie selbst in Europa noch nicht vereinheitlicht worden.[2] Das Eheverständnis hat seine Wurzeln tief im Kulturleben und in der Religion eines Volkes. Zudem sind bei der Eheschließung oft staatliche Interessen von Bedeutung. Daher gibt es Unterschiede in der Regelung der formellen und materiellen Ehevoraussetzungen in den Rechtsordnungen der Welt.[3] Für die Frage nach der Wirksamkeit einer Eheschließung kommt den Kollisionsnormen des Internationalen Privatrechts Bedeutung zu.

Staatsverträge haben auf dem Gebiet des internationalen Eheschließungsrechts kaum Bedeutung erlangt. Das Haager Eheschließungsabkommen von 1902[4], dem vor dem Zweiten Weltkrieg Italien, Luxemburg, Rumänien, Schweden, Polen, Portugal, die Schweiz, Ungarn, die Niederlande und das Deutsche Reich angehörten, gilt heute aus deutscher Sicht nur noch im Verhältnis zu Italien.[5] An seine Stelle ist im übrigen das Haager Eheschließungsabkommen von 1978 getreten, das jedoch bisher erst für Australien, Luxemburg und die Niederlande in Kraft ist.[6] Weitere Abkommen regeln nicht das anwendbare Recht, sondern erleichtern das Verfahren bei Eheschließungen mit Auslandsberührung.[7]

---

1 Vgl. Statistisches Jahrbuch der Bundesrepublik Deutschland, Wiesbaden 1995.

2 Ansätze für eine Vereinheitlichung finden sich im New Yorker UN-Übereinkommen über die Erklärung des Ehewillens, das Heiratsmindestalter und die Registrierung von Eheschließungen vom 10. 12. 1962 (BGBl 1969 II 162). Die Bedeutung dieses Abkommens ist umstritten, vgl. einerseits Kegel, IPR, S. 59, andererseits Beitzke, Hakulinen-Festschrift 1972, 72 - 74.

3 Bischoff, S. 286.

4 Abkommen zur Regelung des Geltungsbereichs der Gesetze auf dem Gebiet der Eheschließung vom 12. 06. 1902, RGBl 1904 S. 221; Bekanntmachung vom 24. 06. 1904, RGBl 1904 S. 249.

5 Von Bar, RabelsZ 1993, 66ff (66, 74).

6 Jayme / Hausmann, S. 55, Fn. 2; von Bar, a. a. O., S. 81.

Im autonomen Internationalen Privatrecht ist Art. 13 EGBGB die einschlägige Kollisionsnorm. Art. 13 I EGBGB bestimmt in seiner Neufassung durch das IPR-Gesetz von 1986, daß die materiellen Voraussetzungen der Eheschließung sich für jeden Verlobten nach seinem Heimatrecht richten. Art. 13 II EGBGB beruft aus Gründen des ordre public unter den dort genannten Voraussetzungen ausnahmsweise das deutsche Recht. Nach Art. 13 III EGBGB können Ehen im Inland nur in der hier vorgeschriebenen Form geschlossen werden; die formellen Voraussetzungen einer Eheschließung im Ausland richten sich gemäß Art. 11 I EGBGB alternativ nach dem Recht am Ort der Eheschließung oder dem Geschäftsstatut, d. h. dem Heimatrecht der beiden Verlobten.

Welches Recht im Falle des Fehlens einer formellen oder materiellen Ehevoraussetzung auf dessen Folgen anzuwenden ist, ist gesetzlich nicht ausdrücklich geregelt. Nach gefestigter Rechtsprechung und übereinstimmender Literatur soll darauf grundsätzlich das Recht anzuwenden sein, das die Fehlerhaftigkeit der Ehe ausspricht.[8] Schwierigkeiten treten jedoch dann auf, wenn die Ehegatten unterschiedliche Heimatrechte haben und die beteiligten Rechte verschiedene Sanktionen aussprechen. Welches Recht bestimmt dann zum Beispiel, ob die Fehlerhaftigkeit der Ehe von selbst eintritt oder geltend gemacht werden muß, ob sie ex nunc oder ex tunc wirkt, ob die fehlerhafte Ehe Rechtswirkungen zwischen den Partnern entfaltet oder nicht oder ob die aus der fehlerhaften Ehe hervorgegangenen Kinder ehelich oder nichtehelich sind? Obergerichtliche und höchstrichterliche Entscheidungen aus jüngster Zeit lassen erkennen, daß in dieser Frage keineswegs Einigkeit herrscht.[9]

Die Anknüpfung ist ferner zweifelhaft mit Rücksicht auf eine im ausländischen Recht oft begründete, neben der „fehlerhaften" Ehe stehende „Putativehe (mariage putatif)".

Die folgende Untersuchung soll daher zum Ziel haben, einen sachgerechten Vorschlag zur Anknüpfung der fehlerhaften Ehe zu machen.

---

7 CIEC-Abkommen über die Erleichterung der Eheschließung im Ausland, BGBl 1969 II 445, 451, Bekanntmachungen BGBL 1969 II 2054, 1977 II 105, 1987 II 364 und bilaterale Staatsverträge.

8 Aus der Rechtsprechung: LG Hamburg, Urteil v. 07. 11. 1973, IPRspr. 73 Nr. 37; OLG Hamburg, Beschluß v. 06. 11. 1987, StAZ 1988, 132; OLG München, Urteil v. 23. 09. 1987, IPRax 1988, 354; BGH, Beschluß v. 04. 10. 1990, NJW 1991, 3088 (3090); OLG Düsseldorf, Urteil v. 27. 01. 1992, FamRZ 1992, 815 (816); aus der Literatur: Palandt-Heldrich, Art. 13 EGBGB, Rn. 11; Erman-Hohloch, Art. 13 EGBGB, Rn. 36; Soergel-Kegel, 11. Auflage, Art. 13 EGBGB, Rn. 88, MüKo-Schwimann, Art. 13 EGBGB, Rn. 77, 117; Kegel, IPR, S. 606; Firsching / von Hoffmann, IPR, S. 263; Ferid, IPR, Rn. 8 - 64.

9 BGH, Beschluß v. 04. 10. 1990, NJW 1991, 3088ff; OLG Düsseldorf, Urteil v. 27. 01. 1992, FamRZ 1992, 815ff.

Zweites Kapitel

Die fehlerhafte Ehe im materiellen Recht

Da das Kollisionsrecht auf der Suche nach der gerechtesten Anknüpfung von den Gegebenheiten des materiellen Rechts ausgehen muß,[1] ist es für die Beantwortung der Ausgangsfrage erforderlich, sich zunächst einen Überblick über das materielle Recht in den verschiedenen Rechtsordnungen zu verschaffen.[2]

Dabei stellt sich als erstes die Frage, welche Fehler die Eheschließung aufweisen kann und welche Sanktionen daran anknüpfen. In einem zweiten Schritt werden die damit verbundenen personenrechtlichen und vermögensrechtlichen Folgen für die Partner, schließlich die Folgen der fehlerhaften Ehe für die Kinder zu untersuchen sein.

A. Die Arten der Fehlerhaftigkeit

Eine Eheschließung kann von vornherein unwirksam sein, ohne daß es einer gerichtlichen Feststellung bedürfte. Die Ehe kann auch zunächst gültig, aber vernichtbar sein.

I. Die Nichtehe (matrimonium non existens)

Im ersten Fall liegt eine Nichtehe (matrimonium non existens)[3] vor. Eine Ehe ist hier nicht existent. Jedermann kann sich ohne weiteres auf die Unwirksamkeit der

---

1 Vgl. Kahn, „in Wahrheit verhält sich nämlich das materielle Privatrecht zum sogenannten internationalen durchaus nicht lediglich wie das Anzuwendende zur Anwendungsregel, wie das Tatsächliche zur Rechtsnorm; es ist der Stoff, aus welchem jenes sich bildet, das Fundament, auf dem es sich aufbaut." in Abhandlungen, Band 1, S. 493, zustimmend insbesondere für das Eherecht von Bar, RabelsZ 1993, 83; L. Trinidad Garcia, S. 14.

2 Soweit im folgenden das materielle deutsche Recht dargestellt wird, bezieht sich die Darstellung auf die geltende Gesetzeslage. In den Anmerkungen finden sich Hinweise auf die weitreichenden Reformvorschläge, die im Gesetzentwurf der Bundesregierung zur Neuordnung des Eheschließungsrechts vom 9. 2. 1996, BR-Drucksache 79 / 96, vorgesehen sind.

3 Beitzke / Lüderitz, S. 64.

Eheschließung berufen, ohne daß es dazu einer vorhergehenden gerichtlichen Feststellung der Unwirksamkeit bedürfte.[4]

Eine ausdrückliche gesetzliche Erwähnung der Nichtehe findet man nur vereinzelt.[5] In vielen Ländern haben aber Rechtsprechung und Lehre aus dem Begriff der Ehe, deren gesetzlichen Voraussetzungen und den Ungültigkeitsvorschriften Fälle der Nichtehe entwickelt. Die strenge Sanktion der Nichtehe wird vorgesehen für fundamentale Fehler, bei deren Vorliegen von einer Ehe nicht mehr gesprochen werden kann. Die Fälle der Nichtehe geben damit Auskunft über das Eheverständnis einer Rechtsordnung.

1. Zur Annahme einer Nichtehe führende Fehler bei der Eheschließung

Im deutschen Recht bestimmt § 11 EheG, daß eine Ehe nur zustandekommt, wenn die Eheschließung vor einem Standesbeamten oder einer als gleichwertig angesehenen Person geschlossen wird. Kommt eine Ehe nicht in dieser Form zustande, liegt eine Nichtehe vor. Dieser Vorschrift liegt das aus der französischen Revolution stammende Prinzip der obligatorischen Zivilehe zugrunde,[6] das 1875 für das Deutsche Reich eingeführt wurde: Eine Ehe ist nur eine Lebensgemeinschaft, die vor der staatlich zuständigen Stelle, dem Standesbeamten, geschlossen wurde. Dem hat die Rechtsprechung zwei weitere Fälle hinzugefügt: Eine Nichtehe liegt auch vor, wenn es an den übereinstimmenden Erklärungen der Ehegatten, die Ehe miteinander eingehen zu wollen, fehlt[7] oder die Ehe nicht von zwei Personen verschiedenen Geschlechts geschlossen wird.[8]

Im schweizerischen Recht ist die Nichtehe in denselben drei Fällen anerkannt.[9]

Dagegen ist im französischen Schrifttum umstritten, ob – angesichts des diesbezüglichen Schweigens des Gesetzestextes – die Kategorie der Nichtehe („mariage

4 Palandt-Diederichsen, Einführung vor § 16 EheG, Rn. 2; anders im polnischen Recht: In Polen muß auch die Nichtexistenz einer Ehe gerichtlich festgestellt werden, art. 1 § 2 des Gesetzes vom 25. 02. 1964.

5 Art. 1628 des portugiesischen Zivilgesetzbuchs, vgl. im übrigen Nachweise in Pousson-Petit, S. 58 - 66.

6 Palandt-Diederichsen, Einführung vor § 11 EheG, Rn. 1.

7 Palandt-Diederichsen, § 11 EheG, Rn. 15.

8 KG, Beschluß v. 07. 11. 1957, FamRZ 1958, 60f; als obiter dictum in LG Osnabrück, Urteil v. 10. 09. 1992, FamRZ 1993, 327; LG Bonn, Urteil v. 11. 11. 1992, StAZ 1993, 13; AG Würzburg, Urteil v. 12. 11. 1992, StAZ 1993, 80; BayObLG, Urteil v. 12. 03. 1993, StAZ 1993, 147; OLG Köln, Urteil v. 15. 03. 1993, StAZ 1993, 147 (rechtliche Unmöglichkeit der Eheschließung zwischen Personen gleichen Geschlechts, a.A. nur AG Frankfurt a.M., Urteil v. 21. 12. 1992, StAZ 1993, 149).

9 Hegnauer / Breitschmid, Rn. 7.04 - 7.07, S. 62.

inexistant") zu verwenden ist.[10] Für die klassische Lehre war die Bejahung dieser Frage in den oben genannten drei Fällen eine Notwendigkeit der Logik:[11] Nach einem Grundgedanken des französischen Rechts, der schon die Vorarbeiten zum Vertrags- und Eherecht des code civil prägte, gibt es keine Nichtigkeit ohne gesetzliche Regelung („pas de nullités sans texte"). Wenn die Fälle des mangelnden Konsenses, der Gleichgeschlechtlichkeit und des Fehlens staatlicher Autorität als Nichtigkeitsgründe nicht geregelt sind, aber schwerer wiegen als die gesetzlichen Nichtigkeitsgründe, so Aubry und Rau, müssen sie dazu führen, daß eine Ehe gar nicht zustandekommt. Die neuere Lehre lehnt dagegen die „théorie du mariage inexistant" wegen der Härte ihrer Rechtsfolgen und der Unsicherheit der Rechtslage bei Fehlen einer gerichtlichen Entscheidung ab.[12] Teilweise werden die drei Fälle der Nichtehe (mariage inexistant) als nicht gesetzliche Nichtigkeitsgründe angesehen,[13] teilweise wird die Rechtsfolge der Nichtehe (mariage inexistant) auf ganz besonders schwere Fehler beschränkt. Rouast nennt das gänzliche Fehlen von Förmlichkeiten sowie die unbestrittene Gleichgeschlechtlichkeit der Partner.[14] Carbonnier nimmt zum Schutz des staatlichen Heiratsmonopols eine Nichtehe an, wenn die Ehe im Inland nicht vor einem Standesbeamten geschlossen wurde.[15]

Die Rechtsprechung hat sich zu der Frage, soweit ersichtlich, noch nicht ausdrücklich geäußert. Einigen Urteilen, in denen die Gerichte trotz schwerwiegender Mängel der Eheschließung über das Institut der Putativehe gewisse Rechtsfolgen der Ehe angenommen haben, entnimmt die Literatur, daß die Rechtsprechung sich gegen die Lehre von der Nichtehe ausspricht. So hat die Cour de Cassation rechtliche Wirkungen einer Ehe anerkannt, die zwischen französischen Staatsangehörigen vor einem Rabbi in Algerien geschlossen wurde,[16] der Tribunal de Bordeaux für eine Ehe, die entgegen dem materiellen Recht der Schweiz in der Schweiz vor einem Priester geschlossen wurde.[17] Eine generelle Ablehnung der Lehre von der Nichtehe könnte diesen Urteilen allein wegen der Anerkennung rechtlicher Folgen nur zu entnehmen sein, wenn im Falle einer Nichtehe niemals rechtliche Folgen eintreten könnten. Das aber ist im französischen Recht umstritten.[18] Zu dieser Frage äußern die Urteile sich nicht. Sie benutzen vielmehr den Begriff „mariage inexistant", ohne seine Bedeutung zu präzisieren. Der Tribunal de Bordeaux spricht gar

---

10 Vgl. Carbonnier, Band 2, Nr. 196, S. 293f.

11 Demolombe, Band 1 S. 361 - 366; Zachariä, S. 7 -9 (§ 421).

12 Carbonnier, Band 2, Nr. 196, S. 294; Beudant / Batiffol, S. 487; Planiol / Ripert-Rouast, S. 204.

13 Sog. „nullités virtuelles" im Gegensatz zu den „nullités textuelles", vgl. Beudant / Batiffol, S. 487; Ferid-Sonnenberger, Rn. 4 B 54.

14 Planiol / Ripert-Rouast, S. 206.

15 Carbonnier, Band 2, Nr. 203, S. 302.

16 Cass. req. 14 mars 1933, S. 1933. 1. 168.

17 Bordeaux, 21 juin 1937, S. 1938. 2. 62.

18 Cass. req. 14 mars 1933, S. 1933. 1. 168.

von der Erklärung einer Ehe für nicht existent („déclarer inexistant"),[19] eine Wendung, die nach der hier verwendeten Begrifflichkeit widersprüchlich wäre. Aus der Begrifflichkeit in den genannten Urteilen läßt sich eine Stellungnahme der Rechtsprechung auch nicht herleiten. Aufschlußreich ist dagegen eine inhaltliche Unterscheidung, die den genannten Urteilen gemeinsam ist. Für die Frage, ob eine Ehe rechtliche Wirkungen entfalten kann, unterscheiden die Gerichte zwischen Ehen, bei denen ein Titel oder ein Anschein der Wirksamkeit besteht, der ein Vertrauen auf den Bestand der Ehe begründen kann, und solchen Ehen, bei denen nicht einmal der Anschein der Wirksamkeit besteht. Letzteres wird angenommen im Fall der Gleichgeschlechtlichkeit der Partner sowie bei Fehlen jeglicher Eheschließungszeremonie.[20] Die Zerstörung des Anscheins einer wirksamen Ehe ist gerade der Sinn der gerichtlichen Nichtigerklärung. Indem die Gerichte nach dem Kriterium des Anscheins unterscheiden, bringen sie zum Ausdruck, daß sie die Fälle der Gleichgeschlechtlichkeit und des Fehlens einer Eheschließungszeremonie als Nichtehen verstehen, die ohne gerichtliche Nichtigerklärung von selbst unwirksam sind.[21]

Auch in der italienischen Rechtsprechung und Literatur ist die Nichtehe umstritten. Während ein Teil der Lehre sie als „fonte di confusione" ablehnt,[22] bejaht jedoch die überwiegende Ansicht die Nichtehe aus Gründen der Logik.[23] Auch die Rechtsprechung unterstützt in Italien die Lehre von der Nichtehe. Der Kassationshof nimmt eine Nichtehe an, wenn ein italienischer Staatsbürger und ein Staatenloser im Ausland ohne Beachtung der dortigen Formerfordernisse heiraten[24] und wenn eine religiöse Eheschließung nicht ordnungsgemäß in die staatlichen Register eingetragen (trascritto) wird.[25] Widersprüchlich ist die Rechtsprechung zur Frage, ob auch eine Eheschließung aufgrund unwirksamer Stellvertretung zur Nichtehe führt.[26] Die Voraussetzungen für das Vorliegen einer Ehe nach italienischem Recht weichen also von denen des deutschen und schweizerischen Rechts

---

19 Bordeaux, 21 juin 1937, S. 1938. 2. 62 (62).

20 Bordeaux, 21 juin 1937, S. 1938. 2. 62 (62, 63); Aix, 11 décembre 1933, D. 1936 II 57, 59.

21 „Un mariage ne peut être déclaré inexistant que lorsqu'il n'a pas même une apparence de validité, comme il se produit au cas d'identité incontestable de sexe ou de défaut absolu de célébration. En revanche, lorsqu'il existe un titre ou une apparence qu'il faut détruire, le mariage est seulement nul." Bordeaux a. a. O.; a.A. Nerson / Rubellin-Devichi, Rev.trim. de droit civil 1983, 317 (331) ohne Begründung.

22 Finocchiaro, III, art. 12 (art. 117 cc), S. 56; Carnelutti, Riv.di dir. proc. 1955 III S. 208 - 211 (210).

23 Vgl. Rescigno, S. 679; Cian / Oppo / Trabucchi-Bianca, Art. 117 Anm. 6, S. 267, beschränkt auf den Fall, daß überhaupt kein dem sozialen Verständnis von Ehe entsprechender Tatbestand vorliegt.

24 Cass. civ. 22 - 02- 1990, Repertorio generale, 1991, „Matrimonio" Nr. 94, S. 2671.

25 Cass. civ. 12 - 02-1952 n. 350, Foro It. 1953 I 78.

26 Cass. civ. 20 - 10-1959 n. 2987 in de Martino, voce 177 „matrimonio" S. 113; Cass. civ. 19 - 10- 1959 n. 2955, Foro It. 1959 I 1826 - 1830.

ab. Insbesondere erkennt das italienische Recht die religiöse Eheschließung an, wenn auf sie ein staatlicher Eintragungsakt folgt.

Das englische Recht unterscheidet zwischen „void marriage“ und „voidable marriage“.[27] Die „void marriage“ entspricht der Nichtehe: sie ist ohne richterliche Feststellung von Anfang an ungültig.[28] Eine „void marriage“ liegt nach dem Matrimonial Causes Act 1973 vor bei Fehlen der Geschäftsfähigkeit eines Partners, bei Gleichgeschlechtlichkeit der Partner, im Falle formeller Fehler bei der Eheschließung, wenn einer der Ehegatten im Zeitpunkt der Eheschließung bereits rechtswirksam verheiratet ist und bei einer Heirat von Personen innerhalb der verbotenen Verwandtschaftsgrade. Der Matrimonial Proceedings Act 1972 nennt ferner die potentiell polygame Ehe, die außerhalb Englands und Wales geschlossen wird, wenn mindestens einer der Partner innerhalb Englands und Wales seinen Wohnsitz hat.[29] Im englischen Recht hat die Sanktion der Nichtehe somit einen größeren Anwendungsbereich als in den kontinentalen Rechten.[30] Zwar verlangt das englische Recht nicht die Ehe vor dem Standesbeamten. Es gilt vielmehr der Grundsatz der fakultativen Zivilehe. Doch das englische Recht gibt seinen Formvorschriften bei der Eheschließung solches Gewicht, daß im Falle einer Verletzung keine Ehe zustandekommt. Darüberhinaus erfaßt es mit den Verstößen gegen die Eheverbote der Doppelehe und der Verwandtschaft sowie der fehlenden Geschäftsfähigkeit drei Fälle, die nach den anderen Rechtsordnungen nur zur Vernichtbarkeit der Ehe führen.

Einen ähnlich weiten Anwendungsbereich hat die Nichtehe im Recht Maltas.[31]

2. Möglichkeiten der „Heilung“ einer Nichtehe

Die Heilung einer Nichtehe ist nach dem dogmatischen Verständnis von der Nichtehe im deutschen Recht nicht möglich. Geheilt werden kann ein Rechtsgeschäft nur, wenn es zwar fehlerhaft ist, aber eine rechtliche Existenz aufweist. Die Nichtehe aber ist rechtlich schlicht nicht vorhanden. In der Vergangenheit ist – er-

---

27 *De Reneville v. De Reneville* (1948) 1 All ER 56, 60, CA (Lord Greene), heute Matrimonial Causes Act 1973 (amended by the Marriage Act 1983).

28 Vgl. *De Reneville v. De Reneville* (Lord Greene) a. a. O. S. 60: „A void marriage is one that will be regarded by every court in any case in which the existence of the marriage is in issue as never having taken place and can be so treated by both parties to it without the necessity of any decree annulling it.“; Bromley & Lowe, S. 75.

29 Eine potentiell polygame Ehe liegt vor, wenn keiner der Partner bereits verheiratet ist, aber einer der beiden nach seinem Heimatrecht zur Mehrehe befugt ist, Bromley & Lowe, S. 60.

30 Dölle, Familienrecht, § 21 VIII, S. 260.

31 Nichtehe liegt vor in den Fällen der artt. 4 - 6 EheG: Eheunmündigkeit oder Geschäftsunfähigkeit eines Partners wegen geistiger Behinderung, Ehe zwischen Verwandten in den nicht zulässigen Graden und Doppelehe.

sichtlich in dem Bestreben, besondere Härten zu vermeiden – eine Heilung vereinzelt allein an die tatsächliche Existenz einer Eheschließungszeremonie geknüpft worden. So wurden in der Nachkriegszeit in den Landesgesetzen und Verordnungen über Heilungen von Formmängeln bei Eheschließung[32] und dem Bundesgesetz über die Anerkennung von Nottrauungen vom 02. 12. 1950[33] Ehen, die infolge der Kriegswirren nicht in der vorgeschriebenen Form geschlossen wurden, durch die spätere Eintragung in das Familienbuch des Hauptstandesamtes in Hamburg geheilt. Dies sind jedoch Einzelfälle gewesen, die nur in der besonderen Nachkriegssituation galten. Heute noch kennt das Gesetz einen Fall, in dem eine nicht vor einem echten Standesbeamten geschlossene Ehe wirksam wird. § 11 II EheG sagt, daß als Standesbeamter auch gilt, wer, ohne Standesbeamter zu sein, das Amt eines Standesbeamten öffentlich ausgeübt und die Ehe in das Familienbuch eingetragen hat. Die vor einem Scheinstandesbeamten geschlossene Ehe wird also mit ihrer Registrierung wirksam. Die Formulierung des § 11 II EheG legt jedoch nahe, diese Vorschrift nicht als einen Fall der Heilung, sondern übereinstimmend mit dem dogmatischen Verständnis von der Nichtehe so zu verstehen, daß in diesen Fällen von vornherein keine Nichtehe vorgelegen hat.[34]

Anders als im deutschen Recht gibt es im schottischen Recht generell die Möglichkeit, im Falle einer „void marriage" nachträglich das Vorliegen einer wirksamen Ehe zu bejahen. Nach einer Ansicht wird die infolge mangelnder Willensübereinstimmung unwirksame Ehe geheilt, wenn die Partner den Eheschließungsmangel ignorieren und weiter als Mann und Frau zusammenleben.[35] Überwiegend wird ein ähnliches Ergebnis über die Lehre von der „marriage by cohabitation and repute" erreicht. Die Bedeutung dieser Lehre schien sich ursprünglich in einer Beweisregel zu erschöpfen, nämlich der Vermutung, daß zwei Personen, die heiratsfähig sind, in Schottland als Mann und Frau zusammengelebt haben und allgemein als verheiratet angesehen wurden, sich tatsächlich das Eheversprechen gegeben haben.[36] Ausgeschlossen war die Vermutung, wenn die Partner wußten, daß ihre Verbindung von vornherein keine rechtliche Wirkung hatte.[37] Teilweise wurde die „marriage by cohabitation and repute" auch als eine Form der Eheschließung neben der förmlichen Heirat angesehen.[38] Heute dient sie vor allem dazu, im Falle einer „void marriage" Ehewirkungen zu bejahen. Die Partner sind als Folge der Lehre von der „marriage by cohabitation and repute" verheiratet, wenn das ursprüngliche Ehehindernis beseitigt ist, die Partner weiterhin als Mann und Frau zu-

32 Vgl. z. B. die Verordnung des Zentraljustizamtes für die Britische Zone vom 13. 08. 1948, VOBl BZ 1948, 238.

33 BGBl 1950, 778.

34 Anders wohl Neuhaus, FS für Schwind, S. 228.

35 Clive / Wilson, S. 40f.

36 Walker, S. 240; Thomson, S. 14; Clive / Wilson S. 48.

37 Walker, S. 241.

38 Thomson, S. 16.

sammenleben und als verheiratet angesehen werden.[39] Die Ehewirkungen knüpfen sich dabei an den von der Nichtehe getrennten Tatbestand einer faktischen Ehe. Eine starre Regel für die Dauer des Zusammenlebens gibt es nicht;[40] in einem Fall wurden elf Monate für ausreichend erachtet.[41]

In einigen Staaten der USA schließlich gibt es das Institut der „Common Law Marriage". Ursprünglich als eine Alternative zur förmlichen Eheschließung gedacht, hat auch diese Institution heute die Bedeutung, den Interessen der Partner, die in einer „void marriage" lange Zeit zusammengelebt haben, durch die Annahme von Rechtsfolgen ihrer Verbindung zu dienen.[42] Wie bei der „Marriage by cohabitation and repute" geschieht dies über einen neben der fehlerhaften Ehe stehenden, gesonderten Tatbestand der faktischen Ehe. Ähnlich wie dort sind auch hier der Wille der Partner zur Eheschließung, ihre Gutgläubigkeit bezüglich des Eheschließungsmangels, ein Zusammenleben als Mann und Frau und die öffentliche Anerkennung der Verbindung als Ehe erforderlich, um eine Ehe zu bejahen. Bei der Prüfung der Voraussetzungen einer „Common Law Marriage" werden strenge Maßstäbe angelegt; die Beweislast liegt bei demjenigen, der sich darauf beruft. Nach dem Tod eines Partners wird verlangt, daß das Vorliegen dieser Voraussetzungen klar und überzeugend bewiesen ist.[43]

Die Nichtehe erfährt also in den verschiedenen Rechtsordnungen eine unterschiedliche Behandlung. Es gibt Länder, in denen die Sanktion „Nichtehe" überhaupt umstritten ist. Soweit diese Sanktion bekannt ist, unterliegt sie verschiedenen Voraussetzungen je nach dem Eheverständnis eines Landes.

II. Die vernichtbare Ehe

Die vernichtbare Ehe ist eine Ehe, die Fehler bei der Eheschließung aufweist, jedoch zunächst ungeachtet dieser Fehler gültig ist und erst durch eine Erklärung staatlicher Organe im Anschluß an ein bestimmtes Verfahren rückwirkend oder mit Wirkung nur für die Zukunft vernichtet wird. Unter diesem Begriff lassen sich die in den verschiedenen Rechtsordnungen unterschiedlichen Sanktionen der nichtigen Ehe, der aufhebbaren Ehe und der anfechtbaren Ehe zusammenfassen. Die Vernichtung der Ehe setzt also einen Fehler bei der Eheschließung und ein staatliches Verfahren der Ungültigerklärung voraus.

---

39 Thomson, S. 19.

40 Walker, S. 241; Thomson, S. 16; Clive / Wilson, S. 53.

41 Thomson, S. 17.

42 Krause, S. 60.

43 Krause, S. 58.

1. Zur Vernichtbarkeit führende Fehler bei der Eheschließung

Die Fehler, die zur Vernichtbarkeit der Ehe führen, können unterschiedlicher Art sein.

Sie lassen sich einteilen in formelle und materielle Fehler. Bei den materiellen Fehlern kann man wiederum unterscheiden zwischen Verstößen gegen Vorschriften, die in erster Linie der Aufrechterhaltung der öffentlichen Ordnung dienen und solchen, die den Schutz eines der Ehegatten bezwecken.

a) Verstoß gegen Formvorschriften

In formeller Hinsicht führen nach deutschem Recht nicht alle Fehler bei der Eheschließung zur Vernichtbarkeit der Ehe. So berührt das Fehlen des Aufgebots die Gültigkeit der Ehe nicht.[44] Vernichtbarkeit ist dann gegeben, wenn die Ehegatten nicht persönlich und bei gleichzeitiger Anwesenheit vor dem Standesbeamten die Ehe erklären.[45] Auch in anderen Rechtsordnungen führen nicht alle Formfehler zur Vernichtbarkeit.[46] So verlangt das kenianische Recht, daß die Ehe in einem anerkannten Gotteshaus oder dem Standesamt zu bestimmten Uhrzeiten bei offenen Türen und in Anwesenheit zweier Zeugen erklärt wird.[47] Nichtig ist die Ehe aber nur, wenn die Ehegatten wissentlich eine andere Örtlichkeit wählen.[48] Das spanische Recht kennt die geheime Eheschließung.[49] Besonders große Unterschiede zwischen den Rechtsordnungen bestehen hinsichtlich der Frage, ob die Ehe persönlich erklärt werden muß. Während das deutsche Recht die Ehe als höchstpersönliches Rechtsgeschäft der Erklärung durch die Ehegatten selbst vorbehält,[50] lassen zahlreiche Rechtsordnungen die Vertretung in der Erklärung und sogar im Willen zu.[51] In Indien, wo die Ehe als Institution und nicht als Vertrag angesehen wird, ist in gewissen Grenzen sogar die Verheiratung der Kinder durch ihre Eltern möglich, ohne daß es einer Willensäußerung des Kindes bedarf.[52]

---

44 § 12 EheG: „soll", Palandt-Diederichsen, § 12 EheG, Rn. 2; nach dem Gesetzentwurf der Bundesregierung zur Neuordnung des Eheschließungsrechts soll das Aufgebot ganz entfallen, BR-Drucksache 79 / 96.

45 §§ 17, 13 EheG.

46 Nach schweizerischem Recht gar keine, Art. 131 schweizerisches ZGB. Die Ehe muß nur vor dem Zivilstandsbeamten geschlossen werden.

47 Sections 23 und 29 des Marriage Acts (1902, Revised Edition 1962).

48 Section 35 III a Marriage Act.

49 Langner, S. 58.

50 Ebenso das französische Recht. Ausnahmen gelten ggf. in Kriegszeiten, vgl. die Verfügung vom 08. 02. 1991 JO 9février 1991, JCP 1991 III 64567 in Frankreich während des Golfkrieges.

51 Italien, art. 111 cc in Ausnahmefällen; Chile, art. 103 ZGB; Iran, art. 1071 ZGB; Afghanistan, art. 72 ZGB; Portugal, art. 1620 ZGB.

b) Verstoß gegen Vorschriften über sachliche Ehevoraussetzungen, die im Interesse der öffentlichen Ordnung bestehen

Aus materiellen Gründen im Interesse der öffentlichen Ordnung vernichtbar ist die Ehe nach deutschem Recht heute nur noch bei Geschäftsunfähigkeit eines Ehegatten (§§ 16, 18 EheG) und bei Verstößen gegen die Eheverbote der Doppelehe (§§ 16, 20 EheG) und der Verwandtschaft und Schwägerschaft (§§ 16, 21 EheG). Die Ehenichtigkeitsgründe zu verringern war ein Anliegen des ersten Eherefomgesetzes vom 01. 07. 1977.[53]

Das Eheverbot der Doppelehe ist auch heute noch nicht in allen Staaten anerkannt, obwohl die Tendenz zur Abschaffung der Polygamie besteht. Die Mehrehe des Mannes ist insbesondere erlaubt in Staaten, die zum islamischen Kulturkreis gehören.[54] Einige Staaten beschränken die Zahl der zulässigen Frauen oder stellen besondere Anforderungen an die polygame Ehe. So erlaubt Art. 86 des afghanischen Zivilgesetzbuchs die Polygamie des Mannes nur, wenn die erste Frau unfruchtbar ist oder eine schwer zu behandelnde Krankheit hat, eine ungerechte Behandlung der Frauen nicht zu besorgen ist und der Mann über ausreichende finanzielle Mittel verfügt.[55]

Das Eheverbot der Verwandtschaft und Schwägerschaft ist dagegen allgemein bekannt. Unterschiedlich geregelt ist jedoch, welche verwandtschaftlichen und schwägerschaftlichen Beziehungen das Eheverbot begründen. Während einige Rechtsordnungen, wie insbesondere die deutsche, nur die Heirat von Verwandten oder Verschwägerten in gerader Linie sowie zwischen Geschwistern verbieten,[56] lassen andere auch die Ehe zwischen Onkel und Nichte sowie Neffen und Tante nicht zu.[57] Das religiöse Recht Indiens kennt einen eigenen Verwandtschaftsbegriff, den Begriff der Sapinda-Verwandtschaft, der – von Stamm zu Stamm verschieden – Verwandtschaftsbeziehungen bis zu einem bestimmten Grad umfaßt.

Außer den Eheverboten des deutschen Rechts gibt es in anderen Rechtsordnungen weitere Ehehindernisse, die teilweise religiösen Ursprung haben.[58]

---

52 beschränkt durch den Child Restraint Act 1929 auf Jungen ab 21 Jahren, Mädchen ab 18 Jahren.

53 Nach dem Entwurf der Bundesregierung für ein Gesetz zur Neuordnung des Eheschließungsrechts soll das Eheverbot der Schwägerschaft entfallen, BR-Drucksache 79 / 96.

54 So z. B. Irak, Iran, Marokko, Algerien, Ägypten, Libanon, Syrien, Jordanien, Saudiarabien, Jemen, Pakistan. Eine Minderheit von Mormonen in den USA hält heute noch an der Polygamie fest, obwohl die Abschaffung der Polygamie 1890 Vorbedingung für die Aufnahme des Mormonenstaates Utah in die Union war (Jörg von Uthmann, Die Erwartung des Weltendes, Frankfurter Allgemeine Zeitung vom 22. 05. 1993, „Ereignisse und Gestalten").

55 Auch eine im Widerspruch zu dieser Bestimmung geschlossene Ehe ist jedoch nicht unwirksam, sondern gibt nur jeder der Ehefrauen die Befugnis, die Scheidung zu verlangen, Art. 87 i.V.m. Art. 183.

56 § 4 EheG, ebenso § 1045 des iranischen ZGB.

57 So das französische Recht, art. 163 cc; ebenso das englische Recht, Marriage Act 1949 Schedule 1 as amended, das in diesen Fällen aber eine Nichtehe annimmt, vgl. oben S. 23.

Zu nennen ist in erster Linie das Eheverbot der Religions- oder Rassenverschiedenheit. Danach ist es in den islamisch beeinflußten Rechten der muslimischen Frau verboten, einen Nicht-Muslim zu heiraten.[59] Umgekehrt darf der muslimische Mann eine Andersgläubige heiraten unter der Voraussetzung, daß die Frau einer sogenannten „Buchreligion", das heißt einer im Koran erwähnten Religion, angehört.

In Kaschmir und Jammu gibt es heute noch das Eheverbot der Kastenverschiedenheit.[60]

Besonderheiten des islamischen Rechtskreises sind das Eheverbot der Milchverwandtschaft, wonach unter bestimmten Voraussetzungen die Beziehung des Kindes zu seiner Amme eine Heirat zwischen Angehörigen ihrer Familien ausschließt,[61] das Ehehindernis der Pilgerschaft, wonach während einer Pilgerreise eine Eheschließung nicht erlaubt ist,[62] und das Ehehindernis der Verstoßung, das es dem Mann verbietet, die von ihm verstoßene Frau zu heiraten, bevor diese nicht mit einem anderen Mann die Ehe geschlossen hat und von diesem verstoßen worden ist.[63]

In Spanien und einigen Staaten Südamerikas ist eine Ehe nichtig, die ein ehebrechender Ehegatte mit einem Mitschuldigen schließt[64] oder die der überlebende Ehegatte mit einem Partner schließt, der wegen Mordes oder Mordversuchs an seinem Ehegatten verurteilt ist.[65]

Schließlich ist in zahlreichen Rechtsordnungen die Ehe nichtig, die nur zum Erwerb des Namens oder der Staatsbürgerschaft des Partners geschlossen wird, ohne daß eine eheliche Lebensgemeinschaft gewollt ist, die sogenannte Namens-, Staatsbürgerschafts- oder Scheinehe.[66]

---

58 Soweit im folgenden Beispiele aus islamischen Rechten genommen sind, ist zu beachten, daß die Hanafiten im Gegensatz zu den Schiiten zwischen absoluter Nichtigkeit im Sinne von Nichtexistenz der Ehe („batil") und Anfechtbarkeit („fasid") unterscheiden. Wenn hier nicht danach unterschieden wird, ob die als Beispiele genommenen Eheverbote zur Vernichtbarkeit oder zur Nichtehe führen, so dient das der zusammenhängenden Darstellung und berücksichtigt, daß das Gesetz entgegen der Unterscheidung meistens vorschreibt, daß die Unwirksamkeit vom Gericht von Amts wegen zu untersuchen und auszusprechen ist, vgl. art. 32 - 35 des algerischen Gesetzes über das Familiengesetzbuch Nr. 84 - 11 vom 09. 06. 1984, Bergmann / Ferid, Band I Religiöse Rechte – Islam, S. 14.

59 Art. 92 des afghanischen ZGB; art. 31 des algerischen Familiengesetzbuchs, art. 1059 des iranischen ZGB.

60 Bergmann / Ferid, Band IV, Indien, S. 24; dort gelten der Arya Marriage Validation Act 19 / 1937 und der Hindu Marriage Validity Act 21 / 1949, die dieses Verbot beseitigt haben, nicht.

61 Art. 84 des afghanischen ZGB; art. 24 des algerischen Familiengesetzbuchs; art. 1046 des iranischen ZGB.

62 Art. 1053 des iranischen ZGB.

63 Art. 30 des algerischen Familiengesetzbuchs; artt. 1057f des iranischen ZGB.

64 Art. 183 I-VIII des brasilianischen BGB; früher auch § 22 EheG, 1977 abgeschafft.

65 Art. 73 des spanischen codigo civil; art. 183 I-VIII des brasilianischen BGB, art. 95.1 des ecuadorianischen ZGB.

c) Verstoß gegen Vorschriften über sachliche Ehevoraussetzungen, die dem Schutz eines Partners dienen

Fehler bei der Eheschließung, die nicht im öffentlichen Interesse, sondern zum Schutz eines Ehegatten zur Vernichtbarkeit der Ehe führen, sind die mangelnde Zustimmung des gesetzlichen Vertreters bei beschränkter Geschäftsfähigkeit eines Ehegatten,[67] die Eheschließung infolge arglistiger Täuschung[68] oder widerrechtlicher Drohung[69] und der Irrtum über die Eheschließung, die Person des anderen Ehegatten oder dessen persönliche Eigenschaften.[70]

Das englische Recht nennt darüberhinaus die Fälle, daß die Ehe aus Unfähigkeit oder Weigerung eines Ehegatten nicht vollzogen werden kann und daß der Ehepartner eine Geschlechtskrankheit hat oder von einem Dritten schwanger ist.[71] In den letzten beiden Fällen muß der Partner bei der Eheschließung gutgläubig gewesen sein, um die Sanktion auszulösen.[72] Andere Rechtsordnungen erwähnen diese Fälle nicht ausdrücklich, nehmen bei ihrem Vorliegen aber einen Irrtum über die persönlichen Eigenschaften des Partners an.[73]

Einige islamisch beeinflußte Rechtsordnungen verlangen schließlich für die gültige Eheschließung die Zustimmung des Vaters oder des väterlichen Großvaters der Braut[74] und die Vereinbarung einer Morgengabe.[75] Die aus dem ursprünglich vorgesehenen Kaufpreis für die Frau (mahr) hervorgegangene Morgengabe besteht heute in einer Vermögenszuwendung des Mannes an die Frau selbst, die ihrer Versorgung im Falle der Auflösung der Ehe dient.

---

66 In manchen Rechtsordnungen gibt es ein ausdrückliches Verbot: *Italien* art. 123 cc, *Österreich* § 23 EheG; in anderen Rechtsordnungen wird dieses Verbot von Rechtsprechung und Lehre aus dem Erfordernis einer Willenseinigung hergeleitet: in *Frankreich* aus art. 146 cc, wobei die Rechtsprechung verlangt, daß ausschließlich ehefremde Ziele verfolgt werden, Versailles 15 juin 1990, JCP 1991.II.21759, Tribunal de Grande Instance La Rochelle 2 mai 1991, D.1992. 259, in *Spanien* aus art. 45 cc, Rodriguez / Bercovitz-Maria del Carmen Gete-Alonso y Calera, Art. 73, Anm. II 3, vgl. dazu auch Spellenberg, StAZ 1987, 34ff.

67 § 30 EheG, art. 182 cc fr, Art. 128, 98, 99 des schweizerischen ZGB.

68 § 33 EheG, art. 180 cc fr, Art. 125 des schweizerischen ZGB.

69 § 34 EheG, Art. 126 des schweizerischen ZGB.

70 §§ 31f EheG.

71 Matrimonial Causes Act 1973, s. 12.

72 Matrimonial Causes Act 1973, s. 13 (3); Cretney & Masson, S. 65.

73 RG, Urteil v. 07. 11. 1907, RGZ 67, 56 (57); AG Schorndorf, Urteil v. 28. 12. 1988, FamRZ 1990, 404f.

74 So die Schafiiten, die Malekiten und die Hanbaliten, z. B. art. 1043 des iranischen ZGB, anders die Hanefiten, z. B. art. 5 des syrischen PStG, art. 3,1 des tunesischen PStG.

75 Die Festlegung der Morgengabe im Ehevertrag ist bei den Malekiten eine wesentliche Bedingung für die Gültigkeit der Ehe, z. B. Art. 5 Nr. 3 CSP (Marokko), art. 3.2 des tunesischen PStG, während sie bei den Hanefiten, Hanbaliten und Schafiiten keine Gültigkeitsvoraussetzung, sondern Wirkung der Ehe ist, z. B. art. 4 des syrischen PStG, art. 1087 des iranischen ZGB.

d) Ausschluß der Vernichtbarkeit der Ehe

Trotz Vorliegens eines zur Vernichtbarkeit der Ehe führenden Ehemangels kann die Ehe nicht beseitigt werden, wenn eine im materiellen Recht vorgesehene Befreiung vom Eheverbot erteilt ist, eine dort vorgesehene Heilung eingetreten ist oder das materielle Recht die Beseitigung der Ehe ausschließt.

Das deutsche Recht gestattet Befreiung vom Eheverbot der Schwägerschaft (§§ 21 II, 4 III, 5 II EheG). Selbst bei wesentlichen Formfehlern wird eine Ehe durch fünfjähriges Zusammenleben der Ehegatten bzw. bei Tod eines Ehegatten nach dreijährigem Zusammenleben geheilt, wenn in der Zwischenzeit keine Nichtigkeitsklage erhoben wurde (§ 17 II EheG). Die Ehe eines Geschäftsunfähigen wird gültig, wenn er nach Wegfall der Geschäftsunfähigkeit zu erkennen gibt, daß er die Ehe fortsetzen will (§ 18 II EheG), ebenso die wegen Willensmängeln vernichtbare Ehe, wenn der betroffene Ehepartner die Eheschließung bestätigt (§ 32 II EheG). Die Aufhebungsklage wegen eines Irrtums über die persönlichen Umstände des Partners kann ausgeschlossen sein, wenn der Partner sich im Laufe der Ehe bewährt hat und die persönlichen Umstände damit ihre Bedeutung verloren haben.[76] Unheilbar sind der Verstoß gegen das Eheverbot der Verwandtschaft sowie die Doppelehe.

Unter gewissen, engen Voraussetzungen steht der Klageerhebung nach der Rechtsprechung der Einwand unzulässiger Rechtsausübung entgegen, nämlich dann, wenn der Klage ihre sittliche Rechtfertigung fehlt, weil das Verhalten des Klägers nicht auf die Verwirklichung sittlicher Werte, sondern auf die Durchsetzung selbstsüchtiger Interessen gerichtet ist. So wurde die Klage des bösgläubigen Ehepartners als unzulässig abgewiesen, weil die erste Ehe bereits aufgelöst war und bei Klageerhebung nur die zweite Ehe bestand, aus der sich der Kläger lediglich lösen wollte, um eine dritte Ehe einzugehen.[77] Die sittliche Rechtfertigung der Klageerhebung wird jedoch nach der Änderung des Scheidungsrechts heute in aller Regel damit begründet werden können, daß der Kläger die Scheidung der bigamen Ehe unschwer erreichen könnte und der Beklagte durch die Erhebung der Vernichtungsklage nicht schlechter gestellt wird.[78] Unzulässige Rechtsausübung kann ferner dann vorliegen, wenn der Kläger den Unwirksamkeitsgrund auf andere Weise beseitigen könnte.[79] Schließlich kennt das deutsche Recht für die Ungültigkeit der Ehe wegen Verstoßes gegen ein dem Schutz eines Ehegatten dienendes Eheverbot eine einjährige Klagefrist (§ 35 I EheG).

---

76 Palandt-Diederichsen, § 32 EheG, Rn. 16.

77 BGH, Urteil v. 29. 04. 1959, BGHZ 30, 140; Urteil v. 21. 03. 1962, BGHZ 37, 51 (56); NJW 1964, 1853; dazu Boehmer, NJW 1959, 2185 - 2189; Müller-Freienfels, JZ 1959, 635 - 638; für die Klage des arglistig getäuschten Ehegatten BGH, Urteil v. 21. 02. 1952, BGHZ 5, 186 (188).

78 OLG Düsseldorf, Urteil v. 27. 01. 1992, FamRZ 1992, 815 (816f), MüKo-Müller-Gindullis, § 24 EheG, Rn. 11.

79 MüKo-Müller-Gindullis, § 24 EheG, Rn. 12.

Das französische Recht kennt wie das deutsche die Heilung durch Zeitablauf und Zusammenleben, art. 181, 183, 185 - 1 cc. Daneben kann eine vernichtbare Ehe geheilt werden durch eine Schwangerschaft gemäß art. 185 - 2 cc oder die sogenannte „possession d'état" gemäß art. 196 cc.[80] Unheilbar sind nach französischem Recht neben der Doppelehe und der Verwandtschaftsehe auch das Fehlen der Willenseinigung[81] und die Schwägerschaftsehe.[82] Der bei der Schwägerschaftsehe mögliche Dispens führt nicht zur Heilung der Ehe, sondern ermöglicht lediglich eine neue Eheschließung.[83] Einen Ausschluß der Klage wegen unzulässiger Rechtsausübung sieht das französische Recht nicht vor. Für die Geltendmachung der „nullités relatives" gilt eine Verjährungsfrist von fünf Jahren.[84]

Das schweizerische Recht kennt nur die Heilung infolge einer Schwangerschaft oder nachträglicher Mündigkeit des bei Eheschließung Unmündigen, Art. 128 II ZGB. Für die Klage wegen solcher Vernichtungsgründe, die dem Schutz eines Ehepartners dienen, gilt die Verwirkungsfrist[85] des art. 127 ZGB. Danach ist die Anfechtungsklage der Ehegatten binnen sechs Monaten, nachdem der Anfechtungsgrund entdeckt worden ist oder der Einfluß der Drohung aufgehört hat, jedenfalls aber vor Ablauf von fünf Jahren seit der Eheschließung zu erheben.

Im spanischen Recht ist in einigen Fällen die Heilung durch einjähriges Zusammenleben vorgesehen. Eine besondere Heilungsvorschrift gibt es für die Ehe Minderjähriger.[86] Die Verjährung ist gesetzlich nicht geregelt. Aus dem Charakter der Nichtigkeitsklage als „accion de estada" (Statusklage) schließt ein Teil des Schrifttums die Unverjährbarkeit. Nach der Gegenansicht ist zwischen den unterschiedlichen Arten der Unwirksamkeitsgründe zu unterscheiden. Unverjährbar seien die Nichtehe und die wegen Bigamie oder Fehlens unverzichtbarer Eheerfordernisse nichtige Ehe. Im übrigen trete die Verjährung bei Willensmängeln in vier Jahren, bei absoluter Nichtigkeit in fünf Jahren ein.[87]

In Belgien kann der König aus wichtigem Grund das Verbot der Ehe zwischen Onkel und Nichte, Tante und Neffen sowie Schwägern aufheben.[88]

Im islamischen Recht ist Heilungsgrund die Vollziehung der Ehe.[89] Im Iran kann die Aufhebung der Ehe nur unverzüglich verlangt werden.[90]

---

80 In den Fällen der heimlichen Ehe und der Impotenz eines Ehegatten.

81 Art. 146 cc; im deutschen Recht ein Fall der Nichtehe.

82 Art. 161 - 163 cc.

83 Ferid / Sonnenberger, Rn. 4 B 54, Fn. 143.

84 Carbonnier, Band 2, Nr. 197, S. 294.

85 Hegnauer / Breitschmid, S. 68 Rn. 7.37.

86 Garcia Cantero, Rn. 540.

87 Garcia Cantero, Rn. 547; auch Portugal kennt Verjährung auch bei absoluten Ehehindernissen.

88 Art. 164 cc.

89 Z.B. art. 97 des afghanischen Zivilgesetzbuchs.

90 Art. 1131.

Eine Besonderheit bietet in diesem Zusammenhang das englische Recht insofern, als es für die Heilung der „voidable marriages“[91] eine Generalklausel vorsieht. Gemäß M.C.A. 1973, s. 13 (1) darf das Gericht die Ehe nicht für ungültig erklären, wenn der Kläger sich in Kenntnis seiner Möglichkeit, die Ehe für ungültig erklären zu lassen, gegenüber dem Beklagten so verhalten hat, daß dieser glauben durfte, er werde von seiner Möglichkeit keinen Gebrauch machen, und wenn es gegenüber dem Beklagten ungerecht wäre, der Klage stattzugeben. Unerheblich ist dagegen heute, ob der Ungültigerklärung der Ehe öffentliche Interessen entgegenstehen.[92] Darüberhinaus kennt das englische Recht eine dreijährige Klagefrist.[93]

2. Staatliches Verfahren der Ungültigerklärung

Die Ehe, die einem anfänglichen Unwirksamkeitsgrund unterliegt, wird durch einen gerichtlichen Ausspruch beseitigt.[94]

In Schweden ist dies die Scheidung. Seit der Abschaffung der Ungültigkeitsklage im Jahre 1973 kann das Gericht die Scheidung der Ehe sowohl gestützt auf nach der Eheschließung aufgetretene Gründe als auch gestützt auf anfängliche Unwirksamkeitsgründe aussprechen.[95] Auch in einigen US-Bundesstaaten können anfängliche Unwirksamkeitsgründe die Scheidung begründen, z. B. Schwangerschaft, unkeuscher Lebenswandel, Zwang, Täuschung.[96] Hier ist jedoch daneben auch eine Ungültigkeitsklage bekannt.[97]

Die meisten Rechtsordnungen unterscheiden dagegen grundsätzlich zwischen der Scheidung, die nur bei nachträglich auftretenden Ehehindernissen in Betracht kommt, und der Ungültigerklärung. Ist die Ehe bereits fehlerhaft geschlossen worden, so kann sie für ungültig erklärt werden. Das Verfahren der Ungültigerklärung ist das ältere; es hat seinen Ursprung im kanonischen Recht, das – ausgehend vom

---

91 Sog. „approbation“ – ein Teil der Lehre möchte die Möglichkeit der Heilung auf die „void marriage“ ausdehnen, Tolstoy, The Modern Law Review 1968, 659.

92 Cretney & Masson, S. 66.

93 M.C.A. 1973, s. 13 (2).

94 In der Volksrepublik China fällt dieser nicht in die Zuständigkeit der Gerichte, sondern in die Zuständigkeit der Eheregisterbehörde, art. 9 der Verfahrensregeln der Eheregistrierung.

95 Schwedisches Ehegesetz vom 14. 5. 1987 (Gesetz Nr. 230), 5. Kapitel, § 5: Inzest und Bigamie als Scheidungsgründe.

96 § 30 - 2-1 a) (10) Code of Alabama 1979 (Schwangerschaft); Section 34.1202 Nr. 1 Arkansas Statutes (Impotenz, Doppelehe); Ohio Revised Code, § 3105.01 (Impotenz, Doppelehe, Täuschung).

97 Im englischen Recht gibt es Bestrebungen, die „voidable marriages“ abzuschaffen und für die Fälle der „voidable marriages“ die Scheidung vorzusehen, Cretney & Masson, S. 71, so auch Australien, Family Law Act 1975 s. 51.

sakramentalen Verständnis der Ehe – die Unauflöslichkeit der Ehe postuliert[98] und dementsprechend die Scheidung ablehnt, für anfängliche Mängel aber eine Sanktion bereithalten muß. Die gerichtliche Entscheidung über die Ungültigkeit der Ehe kann zur Folge haben, daß die Ehe rückwirkend vernichtet wird. Dies entspricht der Konzeption des kanonischen Rechts. Die Ehe wird dann vom Zeitpunkt der Ungültigerklärung an als von Anfang an unwirksam betrachtet. Sie braucht nicht „aufgelöst" zu werden. Möglich ist aber auch, daß die gerichtliche Erklärung nur für die Zukunft die Unwirksamkeit der Ehe ausspricht. Voraussetzung für die gerichtliche Entscheidung ist ein Verfahren, in dessen Rahmen besonders von Interesse ist, welche Personen das Verfahren in Gang setzen können.

a) Rechtsordnungen, die für das Verfahren der Ungültigerklärung zwischen verschiedenen Ehehindernissen unterscheiden

Das deutsche Recht unterscheidet zwischen zwei Verfahren mit unterschiedlichen Folgen für die Ehe, der Nichtigerklärung (§§ 16, 17ff EheG) und der Aufhebung (§§ 30, 31 - 34 EheG). Die Nichtigerklärung, die in den im Gesetz aufgeführten Fällen des schweren Formmangels, der Geschäftsunfähigkeit und des Verstoßes gegen die sogenannten „trennenden Eheverbote" erfolgt, beseitigt die „nichtige Ehe" dem Grundsatz nach ex tunc. Die Ehe wird also vom Zeitpunkt der Ungültigerklärung an so behandelt, als sei sie nie geschlossen worden. Daß bei der Regelung der Rechtsfolgen dann praktisch wichtige Einschränkungen von der Rückwirkung gemacht werden, ändert an diesem Ausgangspunkt des Gesetzes nichts. Die Aufhebung dagegen wirkt nur für die Zukunft; die „aufhebbare Ehe" bleibt bis zur Aufhebung wirksam.[99] Das Verfahren richtet sich in beiden Fällen nach den allgemeinen Vorschriften für das Verfahren in Ehesachen, §§ 606ff, bei der Nichtigkeitsklage modifiziert durch die Sondervorschriften der §§ 631ff ZPO. Die Sondervorschriften für das Scheidungsverfahren, §§ 622 - 630 ZPO, sind nicht (entsprechend) anwendbar.[100]

Klagebefugt sind bei der nichtigen Ehe beide Ehegatten, grundsätzlich auch der bösgläubige,[101] und der Staatsanwalt. Im Falle der Doppelehe kann auch der frühere Ehegatte klagen. Klagt ein Ehegatte, so richtet sich die Klage gegen den anderen, § 632 I 2 ZPO; die Klage des Staatsanwalts richtet sich gegen beide Ehegatten, § 632 I 1 ZPO. Nach dem Tod eines Ehegatten kann nur noch der Staatsanwalt klagen, mit dem Tod des zweiten Ehegatten erlischt auch die Klagebefugnis des

98 Canones 1055, 1056 des codex iuris canonici.

99 Mit ihrem Gesetzentwurf zur Neuordnung des Eheschließungsrechts will die Bundesregierung die unterschiedlichen Verfahren der Nichtigerklärung und der Aufhebung durch ein einheitliches Verfahren der Aufhebung mit Wirkung nur für die Zukunft ersetzen, BR-Drucksache 79 / 96.

100 BGH, Beschluß v. 31. 03. 1982, FamRZ 1982, 586f (586).

101 Zur Ausnahme der unzulässigen Rechtsausübung s.o. S. 30.

Staatsanwalts. Im übrigen liegt die Klageerhebung durch den Staatsanwalt in seinem pflichtgemäßen Ermessen. Er kann nicht zum Einschreiten verpflichtet werden. Die Aufhebungsklage ist in den Fällen einschlägig, in denen kein öffentliches Interesse an der Ungültigerklärung besteht, sondern der Unwirksamkeitsgrund nur dem Schutz eines Ehegatten gilt. Dementsprechend ist nur der verletzte Ehegatte bzw. sein gesetzlicher Vertreter klagebefugt.

In der österreichischen Praxis ist die Frage, ob der Staatsanwalt zur Erhebung der Nichtigkeitsklage verpflichtet ist, umstritten.[102] Ein Rechtsanspruch auf ein Einschreiten des Staatsanwalts besteht nach der Rechtsprechung nicht.[103]

Das schweizerische Recht stellt ebenfalls zwei verschiedene Rechtsbehelfe zur Geltendmachung der Fehlerhaftigkeit der Ehe zur Verfügung, die Nichtigkeitsklage (Artt. 120ff ZGB) und die Anfechtungsklage (Artt. 123ff ZGB). Die Nichtigkeitsklage ist einschlägig bei Ehemängeln, die die Allgemeinheit betreffen, die Anfechtungsklage dient dem Schutz des verletzten Ehegatten. Es besteht jedoch in der Theorie ein wesentlicher Unterschied zum deutschen und österreichischen Recht: Nichtigkeits- und Anfechtungsklage unterscheiden sich nämlich im Grundsatz nicht hinsichtlich ihrer Rechtsfolgen: beide wirken nur für die Zukunft und lassen die Ehe in der Vergangenheit unberührt.[104] Dem entspricht, daß – anders als im deutschen Recht – das Verfahren sich nicht nach den allgemeinen Vorschriften für den Eheprozeß, sondern nach den Grundsätzen des Scheidungsverfahrens richtet.[105] Ein weiterer Unterschied zum deutschen Recht betrifft die Klagebefugnis bei der Nichtigkeitsklage. Da diese keine Rückwirkung entfaltet, entfällt das durch das Zusammenleben geschaffene Schutzbedürfnis der Ehegatten, das es nach der gesetzlichen Ausgangslage im deutschen Recht geboten erscheinen läßt, eine Beseitigung der Ehe durch nicht unmittelbar beteiligte Personen mit Ausnahme des Staatsanwalts zu verbieten. Daher ist im schweizerischen Recht die zuständige Behörde zum Einschreiten verpflichtet und kann von jedermann dazu aufgefordert werden, Art. 121 I ZGB. Darüberhinaus besteht ein individuelles Klagerecht für jeden, der ein zumindest ideelles Interesse an der Beseitigung der Ehe hat, Art. 121 II ZGB. Dazu zählt insbesondere die Heimat- und Wohnsitzgemeinde.

Das französische und italienische Recht kennen nur einen einheitlichen Rechtsbehelf zur Ungültigerklärung der Ehe, die „demande de nullité" bzw. die „azione di nullità".[106] Sie beseitigt die Ehe ex tunc. Das Verfahren richtet sich nach den allgemeinen Vorschriften für den Eheprozeß, nicht nach den Vorschriften für das Scheidungsverfahren.[107] Auch in diesen Rechtsordnungen ist jedoch die Unter-

---

102 Rummel-Pichler, Band 2, § 28 EheG, Rn. 6; Koziol / Welser, Band 2, S. 170; Schwimann, § 28, Rn. 3.

103 EF 13.771; EF 31.623.

104 Hegnauer / Breitschmid, S. 63, Rn. 7.09; Meroni, S. 63.

105 Art. 136 ZGB.

106 Art. 180ff cc fr. 117ff cc it.; zum französischen Recht Ferid / Sonnenberger, Rn. 4 B 51.

scheidung von Eheverboten, die die Allgemeinheit betreffen, und solchen, die nur dem Schutz eines Ehegatten dienen, bekannt und für das Verfahren von Bedeutung. Danach richtet sich die Klagebefugnis.[108] Im Falle der „nullité absolue / nullità" kann die Ungültigkeitsklage erheben jeder, der ein legitimes Interesse an der Auflösung der Ehe hat, sowie der Staatsanwalt als Vertreter des öffentlichen Interesses. Damit ist das Schicksal der Ehe weitgehend in das Belieben Dritter gestellt. Um den Mißbrauch zu vermeiden, verlangt das französische Recht bei einer Klage von Verwandten oder Kindern aus erster Ehe ein aktuelles Interesse, art. 187 cc. Ein eventuelles Interesse, z. B. die Erbenstellung, genügt nicht.[109]

Ebenso gibt es im spanischen Recht einen einheitlichen Rechtsbehelf mit im einzelnen unterschiedlichen Voraussetzungen je nach Art der Ungültigkeit. Während das spanische Recht die Unterscheidung zwischen „nulidad absoluta" und „nulidad relativa" sehr wohl kennt, unterscheidet es für die Voraussetzungen der Klage jedoch nach anderen Kriterien: Es unterscheidet zwischen den qualifizierten Nichtigkeiten (nulidades cualificadas) und den einfachen Nichtigkeiten (nulidades ordinarias). Erstere sind das Fehlen des Ehekonsenses, der Irrtum und die arglistige Täuschung oder Drohung, letztere alle übrigen Fälle der Fehlerhaftigkeit.[110] Die Nichtigerklärung wirkt grundsätzlich zurück; eine Ausnahme wird gemacht für den Güterstand, art. 95 cc. Klagebefugt sind grundsätzlich beide Ehegatten. Ausnahmsweise ist bei der Klage wegen „defecta mayoria de edad" und bei Willensmängeln der Ehegatte, der sie bei seinem Partner selbst verursacht hat, nicht klagebefugt. Der Staatsanwalt ist klagebefugt bei den absoluten Nichtigkeitsgründen und bei der Klage wegen defecta mayoria de edad, art. 74, 75 cc. Wie im französischen Recht kann bei absoluten Nichtigkeitsgründen ferner jeder Dritte klagen, der ein berechtigtes Interesse hat, art. 74 cc.

b) Rechtsordnungen, die ein einheitliches Verfahren der Ungültigerklärung kennen

Zahlreiche Rechtsordnungen kennen nur eine Form der Ungültigerklärung und unterscheiden nicht zwischen verschiedenen Arten der Unwirksamkeit. Dazu zählen das dänische und norwegische,[111] portugiesische, holländische, englische, pol-

107 Carbonnier, Band 2, Nr. 198, S. 295; Cian / Oppo / Trabucchi, Art. 117, Anm. 8 (S. 273), für Scheidungsverfahren dagegen Gesetz Nr. 898 vom 01. 12. 1970.

108 Dölle, Familienrecht, § 22, S. 262.

109 Carbonnier, Band 2, Nr. 198, S. 296.

110 Garcia Cantero, Rn. 546f.

111 Die Aufhebung des dänischen und norwegischen Rechts erfaßt neben den Aufhebungsgründen nach deutschem Recht zwei Fälle, die im deutschen Recht Nichtigkeitsgründe sind, nämlich die Doppelehe und die Verwandtenehe, §§ 23 i.V.m. 6, 9 des dänischen Ehegesetzes von 1969 i.d.F. v. 1986, §§ 31 i.V.m. 7, 9 des norwegischen Ehegesetzes von 1918, zuletzt geändert 1989.

nische, bulgarische, ungarische, albanische und russische Recht.[112] Im englischen Recht ist dies nicht überraschend, da die gegen Interessen der Allgemeinheit verstoßenden Ehen bereits als „void marriages" aus dem Anwendungsbereich der Ungültigerklärung herausfallen.

B. Die personenrechtlichen und vermögensrechtlichen Folgen für die Partner und die Kinder

Von den personenrechtlichen und vermögensrechtlichen Folgen der ungültigen Ehe zu sprechen, erscheint auf den ersten Blick paradox.[113] Ungültigkeit hat nach dem Sprachgebrauch eine lediglich negative Bedeutung: es ist die Verneinung der Wirksamkeit. Davon ausgehend ist es kaum verständlich, daß sich an die Ungültigkeit Folgen knüpfen sollen. Denkbar erscheint nur die Rückabwicklung, ggf. begleitet von Schadensersatzansprüchen, die jedoch ihre Ursache nicht in der Nichtigkeit, sondern in einem bestimmten Verhalten anderer Personen finden.

Und doch begegnen wir häufig Rechtsgeschäften, die trotz ihrer Nichtigkeit bestimmte Wirkungen des gültigen Geschäfts aufweisen, so der faktische Arbeitsvertrag oder die fehlerhafte Gesellschaft. Wie diese so zeichnet sich auch die ungültige Ehe dadurch aus, daß das unwirksame Geschäft für eine Zeit faktisch die Wirkungen des gültigen gehabt hat.[114] Das tatsächliche Zusammenleben im Vertrauen auf eine gültige Ehe muß berücksichtigt werden. Rechtliche Folgen der ungültigen Ehe könnten daher in den faktischen Gegebenheiten ihre Grundlage finden, oder man erkennt eine gewisse positive Aussage der Ungültigkeit an. Im folgenden wird aufgezeigt werden, wie die verschiedenen Rechtsordnungen Rechtsfolgen an die unwirksame Ehe knüpfen.

I. Die Nichtehe

Die Nichtehe des deutschen, schweizerischen und österreichischen Rechts entfaltet keinerlei rechtliche Wirkungen. Die Partner sind zu keiner Zeit Ehegatten; die aus der Verbindung hervorgegangenen Kinder sind nichtehelich. Dies entspricht der Vorstellung, daß im Falle der Nichtehe eine Ehe gar nicht existent ist. Auch von der „void marriage" des englischen Rechts wird vielfach gesagt, sie sei nicht existent. Tatsächlich ist die „void marriage" ohne gerichtliche Entscheidung unwirksam und hat an sich keine rechtlichen Folgen für die Partner. Das ändert

---

112 Pousson-Petit, S. 83; dort ist zusätzlich das spanische Recht genannt.

113 Pousson-Petit, S. 79.

114 Rescigno, Band 2, S. 671.

sich jedoch, sobald ein Ehegatte – was möglich ist – dennoch vor Gericht die Nichtigerklärung der Nichtehe beantragt. In diesem Fall hat das Gericht die Möglichkeit, die finanziellen Verhältnisse der Parteien so zu regeln wie bei der Scheidung.[115] Es setzt eine angemessene Ausgleichszahlung fest. Ebenso kann eine Person, die gutgläubig die „void marriage" eingegangen ist, nach dem Tode des Ehepartners verlangen, erbrechtlich so gestellt zu werden, als habe eine wirksame Ehe bestanden.[116] Zwar würde dies allein die Theorie von der Nichtexistenz der „void marriage" noch nicht in Frage stellen, da dem decree of nullity hinsichtlich der vermögensrechtlichen Folgen konstitutive Wirkung beikommen könnte. Doch ist zu beachten, daß das Nichtigkeitsurteil nicht in jedem Fall, also beispielsweise bei bloßem Zusammenleben der Partner, beantragt werden kann. Die Voraussetzungen der „void marriage" müssen vorliegen. Diese muß also doch gegenüber dem bloßen Zusammenleben eine gewisse rechtliche Existenz haben. Streitig ist im englischen Recht, ob auch eine Verbindung Gleichgeschlechtlicher wie eine „void marriage" zu behandeln ist und demgemäß für nichtig erklärt werden kann. Die Tendenz geht dahin, dies mit der Begründung abzulehnen, die Ehe sei von Natur her eine Verbindung von Mann und Frau.[117] Danach wäre die Verbindung Gleichgeschlechtlicher eine echte Nichtehe in dem Sinne, daß sie keine rechtliche Existenz aufweist. Die Betrachtung der Folgen der „void marriage" zeigt, daß die herkömmliche Einordnung der „void marriage" als Nichtehe fragwürdig ist. Nur die Verbindung Gleichgeschlechtlicher ist auch nach englischem Recht nach der herrschenden Meinung eine echte Nichtehe. Die „void marriages" bilden dagegen eine eigene Kategorie. Wie die Nichtehe und anders als die vernichtbare Ehe sind sie von Anfang an ohne gerichtliche Entscheidung unwirksam. Jeder kann sich auf ihre Ungültigkeit berufen. Anders als die Nichtehe und wie die vernichtbare Ehe können sie aber gerichtlich für ungültig erklärt werden und entfalten dann eingeschränkte rechtliche Wirkungen.

Die Kinder aus einer Nichtehe gelten im englischen Recht seit dem Legitimacy Act von 1973 als ehelich.[118] Dieselbe Regelung kennt das griechische Recht.[119] Hierdurch wird lediglich eine Fiktion aufgestellt. Die Kinder sind nicht ehelich, sondern sie gelten als ehelich. Daher steht diese Regelung nicht im Widerspruch zur Vorstellung von der Nichtexistenz der griechischen Nichtehe.

Von Belgien und Frankreich wird gesagt, sie knüpften an die Nichtehe rechtliche Folgen über das Institut der Putativehe.[120] Tatsächlich ist bereits oben für Frankreich festgestellt worden, daß die Ehen, die nach diesem Recht Putativwirkungen hervorrufen können, den vernichtbaren Ehen nach der hier zugrundegelegten Ter-

---

115 M.C.A. 1973, ss. 23,24; Cretney & Masson, S. 33.

116 Inheritance Act 1975, ss. 1 (1) (a), 25 (4).

117 Cretney & Masson, S. 70.

118 Cretney & Masson, S. 68.

119 Art. 7 des Gesetzes Nr. 1250 / 1982 i.d.F. des Gesetzes Nr. 1438 / 1984: III.

120 Piret, note, Rev. crit. de jurisprudence belge 1953, 258 für Belgien.

minologie zuzuordnen sind;[121] dasselbe gilt für das belgische Recht. Soweit die Putativehe in den USA bekannt ist, findet sie sowohl auf die voidable als auch auf die void marriage Anwendung.[122] Voraussetzung ist jedoch, daß eine Eheschließungszeremonie stattgefunden hat.[123]

II. Die vernichtbare Ehe

Die Vernichtung einer mit Ehemängeln behafteten Ehe hat Folgen für die Partner und für die aus der Verbindung hervorgegangenen Kinder.

1. Folgen für die Partner

Für die Partner kann sie personen- und vermögensrechtliche Folgen unterschiedlicher Art mit sich bringen. Mit Rücksicht auf das tatsächliche Zusammenleben der vermeintlichen Ehegatten kann die unwirksame Ehe bestimmte Rechtswirkungen der wirksamen Ehe entfalten. Ob und unter welchen Voraussetzungen das der Fall ist, hängt davon ab, ob die Vernichtung Wirkung ex tunc oder Wirkung ex nunc hat. Während die ex tunc unwirksame Ehe von sich aus keine Folgen hat, also personen- und vermögensrechtliche Wirkungen nur kraft ausdrücklicher gesetzlicher Regelung erhält, hat die ex nunc unwirksame Ehe bis zur Vernichtung alle rechtlichen Folgen einer wirksamen Ehe, deren Fortfall durch die Vernichtung automatisch zu Ansprüchen führen kann.

Daneben kommen Ansprüche in Betracht, die darauf beruhen, daß ein Partner den anderen bewußt zur Eingehung der fehlerhaften Ehe veranlaßt hat.

Das deutsche Recht kennt mit der nichtigen und der aufhebbaren Ehe sowohl die von Anfang an unwirksame Ehe als auch die nur für die Zukunft aufgelöste Ehe. Die Folgen sind in den §§ 26, 37 EheG ausdrücklich geregelt. Gemäß § 37 I EheG richten sich die Folgen der aufhebbaren Ehe nach Scheidungsrecht. Wie bei der Scheidung gelten danach bestimmte personenrechtliche Wirkungen fort, der bedürftige Partner hat Unterhaltsansprüche und es finden Versorgungs- und Zugewinnausgleich statt.[124] Diese Parallele zur Scheidung wird gerechtfertigt durch die strukturelle Ähnlichkeit von Aufhebung und Scheidung, die beide zur Auflösung

121 Dazu oben S. 21 f.

122 *Spearman v. Spearman*, United States Court of Appeals, Fifth Circuit, 1973, 482 F.2d 1203.

123 Andernfalls liegt eine „non marriage" vor, auf die die Putativehe keine Anwendung findet; *Anonymous v. Anonymous*, Supreme Court, Special Term, Queens County, Part V, 1971, 325 N.Y.S. 2nd 499.

124 OLG Hamm, Urteil v. 04. 08. 1980, FamRZ 1981, 61f; BGH Beschluß v. 12. 10. 1988, FamRZ 1989, 153 (154).

der Ehe ex nunc führen. Die Besonderheit der Aufhebung, die darin besteht, daß anders als bei der Scheidung anfängliche Ehemängel vorliegen, wird in § 37 II EheG berücksichtigt. War nämlich bei der Eheschließung nur ein Partner gutgläubig hinsichtlich des Ehemangels, so kann er gemäß § 37 II EheG innerhalb von sechs Monaten durch eine entsprechende Erklärung die Anwendung der für den Fall der Scheidung vorgesehenen vermögensrechtlichen Folgen ausschließen, wenn dies für ihn günstiger ist. Streitig ist, ob diese Regelung nur den Ausschluß von Unterhalt und Versorgungsausgleich oder auch den Ausschluß des Zugewinnausgleichs ermöglicht. Nach überwiegender Ansicht findet der Zugewinnausgleich unabhängig vom guten Glauben der Partner in jedem Fall statt.[125]

Die rechtlichen Folgen der nichtigen Ehe sind in § 26 EheG geregelt.[126] § 26 I EheG verweist für die vermögensrechtlichen Folgen ebenfalls auf das Recht, das im Falle der Scheidung anwendbar ist. In der Praxis wird diese Vorschrift auf die personenrechtlichen Folgen ausgedehnt. Auch diese gelten weitgehend für die Zukunft: die Ehegatten erhalten ihren alten Namen zurück, Zeugnisverweigerungsrecht und Ausschluß vom Richteramt bestehen fort.[127] § 26 II EheG entspricht § 37 II EheG: Auch im Fall der nichtigen Ehe kann der bei Eheschließung gutgläubige Partner die im Falle der Scheidung vorgesehenen vermögensrechtlichen Folgen ausschließen. Diese Verweisung auf die Vorschriften über die Folgen der Scheidung bei der rückwirkend unwirksamen Ehe überrascht. Sie führt zu einer Annäherung von nichtiger und aufhebbarer Ehe hinsichtlich ihrer tatsächlichen Auswirkungen. Von der gesetzlich vorgesehenen Rückwirkung der Ehe bleibt schließlich wegen der Ausdehnung des § 26 II EheG durch die Praxis nichts übrig.[128] In der Literatur wird diese Nivellierung von gescheiterten und mängelbehafteten Ehen mit Blick auf die differenziertere Lösung im Gesellschaftsrecht als „grobes Recht" kritisiert.[129] Ein Vorteil der Regelung der §§ 26, 37 EheG ist jedoch darin zu sehen, daß Dritte vor unvorhergesehenen Wendungen der vermögensrechtlichen Beziehungen der Ehegatten geschützt werden.[130]

Streitig ist im deutschen Recht, ob im Falle der Vernichtung einer Ehe neben die Folgenregelung der §§ 37, 26 EheG in Verbindung mit den Vorschriften über die Folgen bei der Scheidung deliktische Ansprüche treten können. Der BGH verneint

---

125 BT-Drucksache 7 / 650, 183; MüKo-Müller-Gindullis, § 26 EheG, Rn. 17; Erman-Aderhold, § 26 EheG, Rn. 7; a.A. Battes, FuR 1990, 311 (323), Schwab, FS für Beitzke 1979, 366.

126 Diese Vorschrift wurde eingeführt durch das 1. Ehereformgesetz vom 14. 06. 1976 mit Wirkung zum 01. 07. 1977.

127 Beitzke / Lüderitz, S. 67; Johannsen / Henrich, § 24 EheG, Rn. 14, 17; Gernhuber / Coester-Waltjen, S. 126.

128 Beitzke / Lüderitz, S. 67, Johannsen / Henrich, § 26 EheG, Rn. 2.

129 Gernhuber / Coester-Waltjen, S. 126.

130 Gernhuber / Coester-Waltjen, S. 127; zu der im Gesetzentwurf der Bundesregierung zur Neuordnung des Eheschließungsrechts vorgesehenen einheitlichen Fehlersanktion s. oben Fußnote 99 und BR-Drucksache 79 / 96.

grundsätzlich deliktische Ansprüche unter Hinweis auf den abschließenden Charakter des Familienrechts.[131] Ausnahmsweise soll jedoch der eine Partner einen Anspruch aus § 826 BGB gegen den anderen haben, wenn dieser ihn durch eine ausdrückliche Täuschung zur Eingehung der vernichtbaren Ehe bewegt hat.[132]

Nach schweizerischem Recht wirkt die Ungültigkeit der Ehe nur für die Zukunft. Demgemäß finden sowohl auf die personenrechtlichen als auch auf die vermögensrechtlichen Folgen im Grundsatz die Vorschriften Anwendung, die die Folgen im Falle einer Scheidung regeln. Die Frau behält grundsätzlich das durch die Ehe erworbene Bürgerrecht, Art. 134 I ZGB.[133] Der Ehegatte, der seinen Namen geändert hat, behält den neuen Namen, sofern er nicht innerhalb von sechs Monaten eine entgegengesetzte Erklärung abgibt, Art. 134 II ZGB. Wie bei der Scheidung erfolgt die güterrechtliche Auseinandersetzung und bestehen Ansprüche der Partner auf Entschädigung, Unterhalt oder Genugtuung, Art. 134 III ZGB. Ausnahmen von der Anwendung der die Folgen der Scheidung regelnden Vorschriften bestehen, wenn ein Ehegatte bei Eheschließung bösgläubig war. War die Frau nicht in gutem Glauben, verliert sie das durch die Ehe erworbene Bürgerrecht, Art. 134 I ZGB, Art. 57 b BüG.[134] Im übrigen kann der bösgläubige Partner aus der Ehe keine vermögensrechtlichen Ansprüche herleiten.[135]

Im Ergebnis wird im schweizerischen Recht das Regel-Ausnahme-Verhältnis des deutschen Rechts umgekehrt.

Weitere Rechtsordnungen, nach denen die Eheungültigkeit Wirkung nur für die Zukunft entfaltet, sind die Rechtsordnungen Englands,[136] Norwegens, Finnlands, Dänemarks und Bulgariens. Diese Rechtsordnungen verweisen sämtlich für die rechtlichen Folgen der Eheungültigkeit für die Partner auf die Vorschriften, die die Folgen im Falle der Scheidung regeln.[137]

Die skandinavischen Rechte sehen darüberhinaus unter Billigkeitsgesichtspunkten einen Entschädigungs- oder Genugtuungsanspruch des gutgläubigen Partners vor.[138]

Eine bereits im Grundsatz verschiedene Regelung der Folgen der unwirksamen Ehe kennen die Rechte, die – der Tradition des kanonischen Rechts folgend – die Ehe im Fall der Ungültigerklärung als von Anfang an unwirksam ansehen. Eine

131 BGH, Urteil v. 07. 06. 1967, BGHZ 48, 82 (85).

132 BGH, Urteil v. 08. 04. 1981, BGHZ 80, 235 (239).

133 Hegnauer / Breitschmid, S. 67, Rn. 7.39.

134 BG, Urteil v. 13. 04. 1927, BGE 53 I 40; BG, Urteil v. 20. 01. 1972, BGE 98 II 8.

135 Hegnauer / Breitschmid, S. 68, Rn. 7.41; Deschenaux / Tercier, Nrn. 4.14f.

136 Dies wird jedoch als ungerecht empfunden in dem Fall, daß eine zweite kurze, nicht vollzogene Ehe zum Verlust der Witwenpension aus der ersten Ehe führt.

137 England: M.C.A. 1973, s. 16, Cretney & Masson, S. 69; Norwegen: § 36 EheG; Finnland: § 68 EheG; Dänemark: § 25 EheG I; Bulgarien: Art. 98 I Familienkodex.

138 Dänemark: § 26 EheG; Norwegen: § 38 EheG.

unmittelbare Verweisung auf das Scheidungsrecht kommt nicht in Betracht: dieses setzt eine Ehe voraus, die in der Vergangenheit bestimmte Rechtswirkungen entfaltet hat. Dies ist bei der ex tunc unwirksamen Ehe aber gerade nicht der Fall. Die Ehe folgenlos zu lassen, entspricht aber auch nicht dem Sinn der rückwirkenden Unwirksamkeit. Vielmehr dient die rückwirkende Unwirksamkeit ursprünglich lediglich dazu, die Lösung von einer mit anfänglichen Mängeln belasteten Ehe zu ermöglichen, ohne den kanonischen Grundsatz der Unauflöslichkeit der Ehe als Sakrament zu durchbrechen. Eine Ehe, die als von Anfang an unwirksam angesehen wird, braucht nämlich gar nicht erst aufgelöst zu werden. Bei der Regelung der Folgen der unwirksamen Ehe verlangt jedoch das tatsächliche Zusammenleben der Partner in dem Vertrauen auf eine wirksame Eheschließung Berücksichtigung. Diesem Ziel dient die „Putativehe". Die Putativehe, die ihren Ursprung ebenfalls im kanonischen Recht hat, ist heute fester Bestandteil des Rechts der Eheungültigkeit in vielen Ländern des romanischen Rechtskreises und sogar darüberhinaus.[139] Teilweise wird sie als eigenes Rechtsinstitut verstanden,[140] nach anderer Ansicht erschöpft sich ihre Bedeutung in einem Ausgleich für die Rückwirkung der Nichtigkeit oder in der Schaffung der Voraussetzungen für einzelne, voneinander unabhängige Wirkungen der Ehe.[141]

Die Voraussetzungen und Wirkungen der Putativehe im einzelnen weisen von Land zu Land Unterschiede auf.

Im französischen Recht setzt die Putativehe zunächst voraus, daß ein Eheschließungsakt stattgefunden hat. Unerheblich ist, welcher Natur die dabei aufgetretenen Eheschließungsmängel sind. Auch solche Fehler, die nach deutschem Recht zur Nichtehe führten, sind als Nichtigkeitsgründe nach französischem Recht der Putativehe fähig.[142] Entscheidend ist nur, daß ein beiderseitiger Eheschließungswille und der äußere Anschein einer Ehe, d. h. eine nicht nur private Eheschließungszeremonie, vorliegen.[143]

Enger ist der Anwendungsbereich der Putativehe im italienischen Recht, wo die Rechtsprechung die Kategorie der Nichtehe ausdrücklich verwendet und die Putativwirkung auf die vernichtbaren Ehen beschränkt.[144]

---

139 Die Putativehe kennen z. B. folgende Rechtsordnungen: Frankreich, Belgien, Luxemburg, Italien, Spanien, Ungarn, Rumänien, Albanien (vgl. auch Pousson-Petit, S. 106), ferner einige Staaten Nordamerikas, so Louisiana, Californien, Texas (vgl. Fine, I.C.L.Q. 1983, 708 (712ff)).

140 Francescakis, Rev. crit. de dip 1956, 306 (312).

141 Loussouarn / Bourel, S. 480.

142 Pousson-Petit, S. 80; Carbonnier, Band 2, Rn. 201, S. 297; Ferid-Sonnenberger, Rn. 4 B 58.

143 Raymond, Juris-Classeur civil, art. 201 et 202, Fasc. I, S. 3; Ferid-Sonnenberger, Rn. 4 B 58.

144 Cian-Trabucchi, art. 128 cc, Anm. 1.

Die entscheidende Voraussetzung der Putativehe und der Grund für ihre Einrichtung überhaupt ist der gute Glaube mindestens eines Ehepartners bei der Eheschließung in bezug auf den Ehemangel. Darin sind sich alle Rechtsordnungen einig. Unterschiede bestehen jedoch hinsichtlich der Frage, wann der gute Glaube vorliegt. Nach französischem, italienischem und spanischem Recht wird die Gutgläubigkeit eines Partners bis zum Beweis des Gegenteils vermutet.[145] Nach belgischem Recht obliegt es dagegen demjenigen, der seinen guten Glauben behauptet, diesen zu beweisen.[146] Ferner wird die Frage unterschiedlich beantwortet, ob nur ein Tatsachenirrtum oder auch ein Rechtsirrtum die Gutgläubigkeit begründet.[147]

Die Wirkungen der Putativehe sind unterschiedlich, je nachdem, ob nur ein Partner oder beide im Zeitpunkt der Eheschließung glaubten, eine wirksame Ehe einzugehen. Waren beide Partner gutgläubig, so behält die unwirksame Ehe bis zum Zeitpunkt ihrer Vernichtung alle Wirkungen einer gültigen Ehe.[148] Die Ehegatten behalten die in der Vergangenheit erworbenen Rechte, zum Beispiel Ansprüche aus dem Güterstand. Nur das Ehegattenerbrecht entfällt: dieses ist kein erworbenes Recht, sondern lediglich eine Erwartung.[149] War nur ein Ehegatte gutgläubig, so entfaltet die unwirksame Ehe die Wirkungen einer gültigen bis zur Vernichtung nur zu seinen Gunsten. In bezug auf die vermögensrechtliche Auseinandersetzung kann der gutgläubige Partner nach französischem Recht wählen zwischen dem Güterrecht, dem die wirksame Ehe unterlegen hätte, und der Rückabwicklung entsprechend den Grundsätzen bei der faktischen Gesellschaft zwischen Fremden. Dagegen kann er sich nicht aus der güterrechtlichen Regelung nur die Teile auswählen, die für ihn von Vorteil sind.[150]

Die Putativehe stellt also über den guten Glauben mindestens eines der Partner eine Verbindung zwischen der rückwirkenden Nichtigkeit und den Folgen einer wirksamen Ehe her.

Neben die Rechte aus der Putativehe treten in einigen Rechtsordnungen weitere Ansprüche auf Schadensersatz, Entschädigung, Ausgleich oder Unterhalt. Art. 129

145 *Französische Rechtsprechung*: Cass. civ. vom 08. 01. 1963, JCP 1964 II 13470, Cass. civ. vom 15. 01. 1980, Bull. n. 26 und Literatur: Carbonnier Band 2, Nr. 201, S. 296 (hergeleitet aus dem zunächst rein ersitzungsrechtlichen Art. 2268 cc); Marty / Raynaud, Nr. 125, S. 158; einschränkend Aubry et Rau, 6. Auflage Band VII S. 74, Anmerkung 9, die unterscheiden zwischen Tatsachenirrtümern, bei deren Vorliegen der gute Glaube vermutet wird, und Rechtsirrtümern, für die die Vermutung nicht gilt; s. aber Esmein, a. a. O. S. 74. *Italien*: Cian-Trabucchi, art. 128, Anm. III 2 (hergeleitet aus der zunächst besitzrechtlichen Vorschrift des § 1147 cc). *Spanien*: art. 79 cc.

146 Piret, note, Rev. crit. de jurisprudence belge 1953, 266 m.w.N.; eingeschränkt, vgl. Pousson-Petit, S. 106.

147 Für den Einschluß des Rechtsirrtums das französische Recht, vgl. Ferid / Sonnenberger, Rn. 4 B 58.

148 Frankreich: art. 201 al. 1 cc, Italien: art. 128 cc, Spanien: art. 79 cc.

149 Ferid / Sonnenberger, Rn. 4 B 58.

150 Carbonnier, Band 2, Nr. 201, S. 300.

bis des italienischen codice civile gibt dem gutgläubigen Ehegatten gegen den bei der Eheschließung bösgläubigen Partner unabhängig von einem tatsächlichen Schaden einen Anspruch auf eine angemessene Entschädigung (congrua indennità) in Höhe des Unterhalts für drei Jahre. Ein vorsätzliches Handeln des bösgläubigen Partners ist dazu nicht erforderlich; es genügt vielmehr, daß dieser den Eheschließungsmangel kannte oder kennen mußte.[151] Daneben ist der bösgläubige Partner dem gutgläubigen Partner gegebenenfalls unterhaltspflichtig. Für den Fall, daß beide Partner gutgläubig waren, gibt Art. 129 cc dem Gericht die Möglichkeit, dem einen Ehegatten zugunsten seines bedürftigen Partners entsprechend seiner Leistungsfähigkeit wiederkehrende Geldzahlungen über einen Zeitraum bis zu drei Jahren aufzuerlegen. Einen Entschädigungsanspruch des gutgläubigen Partners gegen den bösgläubigen kennt ebenso das spanische Recht, art. 98 cc. Das argentinische Recht sieht ausdrücklich einen Schadensersatzanspruch vor, art. 225 des bürgerlichen Gesetzbuchs. Die Vorschriften über die Ehenichtigkeit im rumänischen Recht enthalten keine eigene Vorschrift über eine Entschädigung oder einen Ausgleich. Für den Unterhaltsanspruch des Gutgläubigen verweist jedoch art. 24 des rumänischen Familiengesetzbuchs auf die Vorschriften bei der Scheidung.

Im französischen Gesetzestext schließlich gibt es keine vergleichbaren Vorschriften. Die Rechtsprechung hat auf die Ersatzansprüche des gutgläubigen Partners lange Zeit allein die allgemeinen Vorschriften des Deliktsrechts, insbesondere die Generalklausel des art. 1382 cc angewandt. Danach ist jeder, der einem anderen durch seine „faute" einen Schaden zufügt, verpflichtet, diesen zu reparieren.[152] Die „faute" des Partners, d. h. sein fehlerhaftes, rechtswidriges und schuldhaftes Verhalten wurde in den Fällen der Ehenichtigkeit stets dann bejaht, wenn der Partner bösgläubig war. In einer richtungweisenden Entscheidung sprach die Cour de Cassation im Jahre 1990 im Anschluß an die Nichtigerklärung einer Ehe wegen Bigamie auch einem gutgläubigen Partner gegen seinen ebenfalls gutgläubigen Partner einen Ersatzanspruch zu. Zwar hielt das Gericht im Anschluß an die vorherige Rechtsprechung art. 1382 cc in diesem Fall nicht für anwendbar. Es stützte sein Ergebnis vielmehr auf die analoge Anwendung des art. 270 cc, einer Vorschrift aus dem Scheidungsrecht. Die Vorschriften der artt. 270ff cc, die vorsehen, daß im Falle der Scheidung ein Ehegatte verpflichtet sein kann, an den anderen eine Geldzahlung zu leisten mit dem Ziel, soweit möglich, die Nachteile auszugleichen, die die Beendigung der Ehe in den jeweiligen Lebensbedingungen auslöst, und deren Modalitäten regeln, seien, soweit sinnvoll, ebenso anzuwenden, wenn die Beendigung der Ehe auf der Unwirksamkeit der Verbindung beruht.[153] Mit dieser Entscheidung vollzieht die französische Rechtsprechung einen Schritt, den die oben genannten Rechtsordnungen mit der Eheunwirksamkeit ex nunc bereits kraft Gesetzes und in weiterem Umfang tun: sie stellt eine gewisse Parallele

---

151 Cian-Trabucchi, art. 129 bis cc, Anm. 3.

152 Zu den Voraussetzungen im einzelnen vgl. Zweigert / Kötz, § 40 IV, S. 620ff.

153 Cass. civ. 1re, 23 octobre 1990, JCP 1991 II 21774 (Leitsatz); note Monéger.

zwischen der Ehescheidung und der Eheunwirksamkeit in bezug auf die Rechtsfolgen für die Partner her.[154]

Noch deutlicher ist diese Entwicklung im spanischen Recht. Das spanische Recht ist eine ursprünglich kanonisch geprägte Rechtsordnung, die lange Zeit die Scheidung ganz ablehnte und nur die Ehenichtigkeit ex tunc mit dem Korrektiv der Putativehe kannte. Mit dem Gesetz vom 07. 07. 1981 hat sich das geändert. Die Putativehe hat dadurch an Bedeutung verloren, daß die Unwirksamkeit der Ehe gemäß art. 95 cc für die Frage des Güterstandes keine Rückwirkung mehr entfaltet. Die Parallele zwischen Nichtigkeit und Scheidung in bezug auf die vermögensrechtlichen Folgen für die Partner wird dadurch zum Ausdruck gebracht, daß in Kapitel IX des ersten Buches des codigo civil „De los efectos comunes a la nulidad, separación y divorcio" die gemeinsamen Folgen von Nichtigkeit, Trennung und Scheidung geregelt sind. Damit wird für die Folgen der Nichtigkeit nicht lediglich auf die Folgen der Scheidung verwiesen, sondern es wird eine eigene Folgenregelung entwickelt, die auf beide Institute gleichermaßen Anwendung findet. Dabei stehen die Vorstellungen der Ehegatten ganz im Vordergrund. Der Tendenz der Privatisierung des Familienrechts entsprechend, werden die Folgen der Auflösung der Ehe im Regelfall durch Vereinbarung der Parteien geregelt, die sogenannte „convenio regulador". Das Gesetz schreibt deren Mindestregelungsgehalt vor, art. 97 cc, und verlangt, daß ein Vorschlag zusammen mit dem Antrag auf Nichtigerklärung eingereicht wird. Die Vereinbarung wird vom Richter daraufhin überprüft, ob sie gefährlich für die Kinder oder grob nachteilig für einen der Partner ist, art. 91 cc. Fehlt es an einer Vereinbarung oder lehnt der Richter sie ab, bestimmt der Richter über die Folgen und genießt dabei einen weiten Gestaltungsspielraum. Im Ergebnis unterscheiden sich die Folgen der aufgelösten Ehe also nicht danach, ob Unwirksamkeit oder Scheidung der Ehe vorliegt, sondern nach der Situation im Einzelfall.

Daneben sieht art. 98 cc zugunsten des gutgläubigen Partners einen Entschädigungsanspruch vor. Gemäß dem Urteil des spanischen obersten Gerichtshofs vom 10. 03. 1992[155] gilt diese Regelung nur, wenn nur ein Ehegatte gutgläubig ist. Es handelt sich dabei nicht um einen Anspruch unterhaltsrechtlicher Art und auch nicht um ein Korrelat für den bei der Scheidung vorgesehenen Ausgleichsanspruch gemäß art. 97 cc. Vielmehr dient dieser Anspruch einer gerechten Wiedergutmachung für das Scheitern des gemeinsamen Lebensplans.[156] Gemäß art. 1902 cc besteht ein Entschädigungsanspruch gegen Dritte, der vor Einführung des art. 98 cc auch gegen den Ehepartner geltend gemacht werden konnte. Mit der Entscheidung vom 10. 03. 1992[157] dürfte die Rechtsprechung von diesem Weg abgewichen sein.

154 Mascala, note, D. 1991, 215; Hauser, Rev. trim. de droit civil 1991, 300.

155 S.T.S. de 10 marzo 1992, Revista de Derecho Privado 1992, 689 (690).

156 S.T.S. de 10 marzo 1992, Revista de Derecho Privado 1992, 689; Garcia Cantero, Actualidad Civil 1993 XXXI Rn. 551.

157 S.T.S. de 10 marzo 1992, Revista de Derecho Privado 1992, 689f.

2. Folgen für die Kinder

Die Kinder aus der vernichtbaren Ehe werden in der ganz überwiegenden Zahl der Rechtsordnungen als ehelich angesehen.[158] Im englischen Recht wurde die Ehelichkeit der Kinder durch den Legitimacy Act von 1937 eingeführt; Kinder aus einer wegen „wilful refusal" unwirksamen Ehe gelten erst seit 1949 als ehelich. Im österreichischen Recht wurde bis 1977 eine Ausnahme von der Ehelichkeit für die Kinder aus einer Namens- oder Staatsangehörigkeitsehe (§ 23 EheG) gemacht, § 29 EheG a.F.. Diese Vorschrift wurde 1977 aufgehoben;[159] sie ist heute nur noch anwendbar auf Kinder, die vor dem 01. 01. 1978 geboren wurden.[160] Besonders hervorzuheben ist die Regelung des art. 202 des französischen code civil. Diese Vorschrift, die durch Gesetz vom 03. Januar 1972 in den französischen code civil aufgenommen und später[161] wortgleich in die belgischen und luxemburgischen codes civils übernommen wurde, löst die Frage der Ehelichkeit der Kinder, die bis dahin als Wirkung der unwirksamen Ehe die Putativehe voraussetzte, von dem Erfordernis der Gutgläubigkeit der Eltern. Auch die Kinder aus einer für nichtig erklärten Ehe zweier bösgläubiger Partner sind danach heute ehelich. Nicht ganz so weit geht das italienische Recht, das ebenfalls für die Annahme von Rechtswirkungen der unwirksamen Ehe grundsätzlich die Putativehe verlangt. Zwar nimmt es abweichend hiervon auch bei Bösgläubigkeit beider Ehegatten zumeist die Ehelichkeit der Kinder an. Es macht davon jedoch zwei Ausnahmen. Unehelich sind die Kinder aus der unwirksamen Ehe zweier bösgläubiger Partner im Falle der Nichtigkeit wegen Bigamie und wegen Inzestes, art. 128 cc. Diese Kinder werden betrachtet als „figli naturali riconosciuti". Das brasilianische Recht schließlich unterscheidet zwischen Kindern aus der nichtigen Ehe und Kindern aus der anfechtbaren Ehe. Erstere seien unehelich, letztere ehelich.[162]

Es bleibt zu erwähnen, daß die Frage, welche Folgen die Vernichtung einer Ehe für den Status der aus dieser Ehe hervorgegangenen Kinder hat, heute in einigen Rechtsordnungen dadurch entschärft ist, daß die Unterscheidung zwischen ehelichen und unehelichen Kindern entweder ganz aufgegeben wurde oder die nichtehelichen Kinder zumindest rechtlich den ehelichen Kindern gleichgestellt sind.[163]

---

158 Vgl. § 1591 I 1 2. Halbsatz BGB; 133 I des schweizerischen ZGB; Art. 98 II des bulgarischen ZGB; Art. 7 des griechischen Gesetzbuchs; Art. 23 des rumänischen Familiengesetzbuchs.

159 Art. XVIII § 2 Kindschaftsgesetz, BGBl 1977, 403.

160 Schwimann, S. 372.

161 In Luxemburg durch Gesetz vom 13. 04. 1979, in Belgien durch Gesetz vom 31. 03. 1987.

162 Artt. 207 - 217 des brasilianischen ZGB.

163 So im österreichischen Erbrechtsänderungsgesetz von 1989; im spanischen Recht seit 1981 (Garcia Cantero Rn. 549); in Deutschland ist dagegen bisher lediglich einer möglichen Diskriminierung durch eine Abänderung der Bezeichnung „unehelich" in „nichtehelich" Rechnung getragen worden.

C. Zusammenfassung

Die Betrachtung des materiellen Rechts zeigt, daß die Unwirksamkeit der Ehe anders als die Unwirksamkeit eines schuldrechtlichen Vertrages im Regelfall nicht ihre Nichtexistenz bedeutet. Die Nichtehe im Sinne der nicht existenten Ehe ist nicht allen Rechtsordnungen bekannt. Alle Rechtsordnungen kennen dagegen die vernichtbare Ehe. Dazwischen steht die „void marriage" des britischen Rechts.

Die Ungültigerklärung der vernichtbaren Ehe kann Wirkung ex nunc oder ex tunc haben. Manche Rechtsordnungen kennen zwei verschiedene Verfahren mit Wirkung ex nunc und ex tunc und machen ihre Anwendung vom Schutzzweck des verletzten Eheverbots abhängig. In den Rechtsordnungen, die nur ein Verfahren kennen, hängt jedenfalls die Ausgestaltung der Klagebefugnis und der Heilungs-, Verjährungs- und Ausschlußvorschriften vom Schutzzweck des Eheverbots ab. Die Frage, unter welchen Voraussetzungen die vernichtbare Ehe Rechtswirkungen für die Partner entfaltet, ist unterschiedlich geregelt, je nachdem, ob die Unwirksamkeit der Ehe rückwirkend oder für die Zukunft ausgesprochen wird. Die Folgen selbst richten sich in vielen Rechtsordnungen nach Scheidungsrecht; in manchen Rechtsordnungen wird über die Putativehe eine Parallele zu den Rechtswirkungen der wirksamen Ehe aufgestellt. Die Frage nach der Ehelichkeit der Kinder aus vernichtbaren Ehen wird ganz überwiegend positiv beantwortet.

Drittes Kapitel

Die Behandlung der fehlerhaften Ehe und ihrer Rechtsfolgen für die Partner im Kollisionsrecht

Die Frage, welches Recht in Fällen mit Auslandsberührung die Unwirksamkeit der Ehe und ihre Folgen beherrscht, ist gesetzlich nicht ausdrücklich geregelt. Weder das Haager Übereinkommen über das auf die Eheschließung anwendbare Recht von 1902[1] noch das EGBGB in seiner Fassung vom 25. 07. 1986[2] enthalten eine Kollisionsnorm für die Eheunwirksamkeit.[3] Lediglich ein Teilaspekt, die Frage nach dem Ehegattenunterhalt bei der für nichtig oder für ungültig erklärten Ehe, hat im Haager Unterhaltsabkommen von 1973 und nach dessen Inkorporation ins EGBGB in Art 18 IV EGBGB ausdrücklich Erwähnung gefunden.

Art. 18 IV EGBGB und der inhaltsgleiche Art. 8 HUA bestimmen: „Wenn eine Ehescheidung hier ausgesprochen oder anerkannt worden ist, so ist für die Unterhaltspflichten zwischen den geschiedenen Ehegatten und die Änderung von Entscheidungen über diese Pflichten das auf die Ehescheidung angewandte Recht maßgebend. Dies gilt auch im Fall einer Trennung ohne Auflösung des Ehebandes und im Fall einer für nichtig oder als ungültig erklärten Ehe."

Der Wortlaut erfaßt die nichtige, aufhebbare und anfechtbare Ehe. Nicht geregelt ist die echte Nichtehe.[4]

In der Literatur ist umstritten, welches Recht die Verweisung „Dies gilt auch" tatsächlich für den Ehegattenunterhalt bei vernichtbaren Ehen beruft.

Ein Teil der Literatur spricht sich für das Recht aus, das auf die Vernichtung der Ehe Anwendung findet.[5] Kegel dagegen wendet das Scheidungsstatut an.[6] Hinter-

---

1 RGBl 1904, 221, Bekanntmachung RGBl 1904, 249.

2 BGBl 1986 I 1142, Gesetz zur Neuregelung des Internationalen Privatrechts vom 25. 07. 1986.

3 Auch unter den ausländischen Rechtsordnungen finden sich nur wenige, die die Anknüpfung der Eheungültigkeit ausdrücklich regeln: Art. 34 des Gesetzes vom 15. 07. 1982 im früheren Jugoslawien, Art. 16 des polnischen IPR-Gesetzes, Section 28 des Gesetzes vom 04. 08. 1937 in Thailand, § 22 III des Gesetzes vom 04. 12. 1963 in der früheren Tchechoslowakei.

4 Aus den Vorarbeiten zum Haager Unterhaltsabkommen, insbesondere dem Rapport Verwilghen, ergibt sich, daß auch die Nichtehe dem Art. 8 HUA unterliegen soll.

5 Henrich, S. 136, inzident ebenfalls OLG Düsseldorf, Urteil v. 27. 01. 1992, FamRZ 1992, 815ff.

grund dieser Kontroverse ist die mehrdeutige Formulierung der Verweisung. Das Demonstrativpronomen „dies" findet in diesem Zusammenhang kein eindeutiges Bezugswort. Es kann sich auf den gesamten vorangegangenen Satz beziehen mit der Folge, daß der darin für die Scheidung zum Ausdruck gebrachte Gedanke auf die vernichtbare Ehe zu übertragen ist. Dann wäre auf den Ehegattenunterhalt bei der vernichtbaren Ehe das Recht anzuwenden, das die Vernichtbarkeit beherrscht. Bezugswort des Pronomens „dies" kann jedoch ebenso „das auf die Ehescheidung anwendbare Recht" sein, was zu der Lösung Kegels führte.

Die richtige und im Ergebnis einzig mögliche Auslegung des Textes erschließt sich aus einer Betrachtung des dem Art. 18 EGBGB zugrundeliegenden Art. 8 der Unterhaltskonvention und seiner Entstehungsgeschichte: Der Text der Konvention und ihrer Vorarbeiten ist authentisch in Englisch und Französisch. In diesen Sprachen lautet die Einleitung der Verweisung auf die rechtliche Regelung bei der Scheidung ein wenig anders. In Art. 4 des Textvorschlages vom 15. 03. 1972 heißt es: „Les mêmes principes s'appliquent" bzw. „The same principles apply". Der endgültige Text des Art. 8 Absatz 2 lautet „L'alinéa qui précède s'applique." Bereits diese Formulierungen deuten darauf hin, daß nicht das in Absatz 1 des Artikels 8 im Ergebnis berufene Recht, sondern der dem Anknüpfungsvorgang zugrundeliegende Gedanke auf die vernichtbare Ehe übertragen werden soll.

Diese Überlegung wird noch gestützt durch eine genauere Betrachtung der Formulierung „das auf die Scheidung angewandte Recht". „Angewandt", „appliqué", „applied" hat nach dem Sprachgebrauch nicht nur die Funktion, etwas Vergangenes auszudrücken, sondern kann durchaus an die Stelle des Wortes „anwendbar" / „anzuwendend" treten: „Das auf die Scheidung angewandte Recht" als „das auf die Scheidung anzuwendende Recht". Die Entstehungsgeschichte des Art. 8 der Konvention belegt jedoch, daß die Formulierung vorliegend streng ihrem grammatischen Sinn entsprechend das tatsächlich im Einzelfall auf die Scheidung angewandte Recht meint. Den Diskussionsberichten im Zusammenhang mit der Entstehung der Konvention läßt sich nämlich entnehmen, daß einige Länder, z. B. Irland und Norwegen, die Formulierung des Art. 8 Absatz 1 deswegen kritisierten, weil sie es möglich machte, daß der Ehegattenunterhalt bei Scheidung sich nach einem Recht richtete, zu dem der Sachverhalt keine Beziehung aufweist, nur weil die Ehe tatsächlich nach diesem Recht geschieden wurde.[7] Probleme einer vorausgegangenen Scheidung durch ein unzuständiges Gericht oder unter Anwendung eines ordre public- widrigen Rechts wurden diskutiert. Schließlich wurde eine Verbesserung des Art. 8 dahingehend verlangt, daß das tatsächlich auf die Scheidung angewandte Recht zumindest einen gewissen Bezug zu den Lebensverhältnissen der Parteien aufweisen müßte.[8] Diese Überlegungen fanden ihren Niederschlag in der Vor-

---

6 Kegel, IPR, S. 607.

7 Rapport Verwilghen, Rn. 164, 165, Observations des Gouvernements: Pays Bas S. 143, Norvège S. 142f.

8 Vorschlag Norwegens S. 287, Belgiens, Frankreichs, Spaniens und der Schweiz S. 308.

schrift des Art. 14 Ziffer 3 der Konvention. Da aus ihnen der Gedanke spricht, mit dem auf die Scheidung angewandten Recht sei das tatsächlich im Einzelfall die Scheidung beherrschende Recht gemeint, kann im Falle der für nichtig erklärten Ehe, bei der eine Scheidung gar nicht ausgesprochen wird, die Verweisung nicht das Scheidungsstatut meinen. Demnach ist die These Kegels abzulehnen.

Auf den Ehegattenunterhalt bei einer vernichtbaren Ehe findet das Recht Anwendung, das tatsächlich die Vernichtung der Ehe beherrscht. Welches Recht das ist, beantwortet Art. 18 IV EGBGB nicht.

Mangels einer gesetzlichen Regelung ist daher für die Anknüpfung der Eheungültigkeit von den Grundsätzen auszugehen, die die Rechtsprechung im Laufe der Zeit entwickelt hat.

A. Die Grundsätze der deutschen Rechtsprechung zur Anknüpfung der Eheungültigkeit

Ausgangspunkt der deutschen Rechtsprechung zur Anknüpfung der Eheungültigkeit ist die Überlegung, daß die Ungültigkeit der Ehe dem Recht unterliegen soll, das die Voraussetzungen der Gültigkeit der Ehe bestimmt.[9] Liegt nach dem hierauf anwendbaren Recht eine Voraussetzung der Eheschließung nicht vor oder besteht ein Eheverbot, so soll dasselbe Recht regeln, welche Folgen damit verbunden sind. Raape formuliert einprägsam: „Wer niederreißt, soll auch aufräumen".[10]

I. Recht, das die Voraussetzungen der Ehe beherrscht

Welches Recht auf eine Voraussetzung der Ehe anwendbar ist, hängt davon ab, ob es sich um eine formelle oder eine materielle Ehevoraussetzung handelt. Maßgebend für diese Unterscheidung ist die Sichtweise des deutschen Kollisionsrechts.[11] Vorschriften des ausländischen Rechts müssen nach ihrem Sinn und Zweck erfaßt und entsprechend den funktional gleichbedeutenden Vorschriften des deutschen Rechts eingeordnet werden.

---

9 St. Rspr.: LG Kiel, Urteil v. 27. 10. 1961, IPRspr. 60 - 61 Nr. 92 S. 326; LG Stuttgart, Urteil v. 12. 07. 1967, IPRspr. 66 - 67 Nr. 75 S. 248; LG Hamburg, Urteil v. 16. 05. 1973, IPRspr. 73 Nr. 34 S. 88; LG Hamburg, Urteil v. 11.07. 1973, IPRspr. 73 Nr. 35 S. 90; LG Hamburg, Urteil v. 30. 10. 1974, IPRspr. 74 Nr. 50 S. 143; LG Hamburg, Urteil v. 12. 05. 1976, IPRspr. 76 Nr. 32 S. 100; AG München, Urteil v. 12. 01. 1987, OLG München, Urteil v. 23. 09. 1987, IPRspr. 87 Nr. 43a S. 107, 110.

10 Raape, Deutsches Internationales Privatrecht, 3. Auflage 1950, S. 223 (für die Anknüpfung der Ehelichkeit der Kinder aus unwirksamen Ehen).

11 BGH, Urteil v. 19. 12. 1958, IPRspr. 58 - 59 Nr. 112 S. 390.

Nach deutschem Kollisionsrecht gehören zu den formellen Ehevoraussetzungen das Aufgebot, die Vereinbarung einer Brautgabe, die Art der Beurkundung und die Anwesenheit.[12] Als eine Frage der Anwesenheit wird die Zulässigkeit einer Handschuhehe durch Boten der Form der Eheschließung zugerechnet, während die Zulässigkeit echter Stellvertretung bei der Eheschließung die materiellen Voraussetzungen der Ehe betrifft.[13]

1. Materielle Voraussetzungen

Die materiellen Voraussetzungen der Eheschließung unterliegen gemäß Art. 13 I EGBGB für jeden Verlobten dem Recht des Staates, dem er angehört.[14]

Stellt das Heimatrecht eines Verlobten ein sogenanntes einseitiges Eheverbot auf, so müssen die Umstände, die ihm die Ehe verbieten, in seiner Person liegen. Bei zweiseitigen Eheverboten werden dagegen auch Umstände berücksichtigt, die in der Person des Partners liegen.

Für einseitige Eheverbote ist demnach die Technik der Anknüpfung in Art. 13 EGBGB eine distributive Anknüpfung: Es werden mehrere Rechte angewandt, die zwar gleichzeitig die Gültigkeitsvoraussetzungen regeln, jedoch mit unterschiedlichen Bezugspunkten.[15] Bei den zweiseitigen Eheverboten kommt es zu Überschneidungen in den Regelungsbereichen der gefragten Rechte, so daß in diesem Fall eine kumulative Anknüpfung vorliegt. Die Bigamie des Mannes kann sowohl nach seinem Heimatrecht als auch nach dem Recht der Frau zur Unwirksamkeit der Ehe führen, wenn das Heimatrecht der Frau die Doppelehe als ein zweiseitiges Eheverbot versteht.

2. Formelle Voraussetzungen

Bei der Anknüpfung der formellen Ehevoraussetzungen ist zwischen der Heirat im Inland und der Heirat im Ausland zu unterscheiden.

Eine Ehe kann im Inland gemäß Art. 13 III EGBGB nur in der hier vorgeschriebenen Form geschlossen werden. Maßgeblich ist also das deutsche Ortsrecht. Eine

---

12 Lüderitz, IPR, Rn. 338.

13 KG-West, Urteil v. 28. 10. 1957, IPRspr. 56 - 57 Nr. 99 S. 329; BGH, Urteil v. 19. 12. 1958, IPRspr. 58 - 59 Nr. 112 S. 390.

14 Denselben Grundsatz stellt Art. 1 des Haager Eheschließungsabkommens auf. Auf eine Erörterung der in den Artt. 2ff des Abkommens vorgesehenen Ausnahmen soll hier verzichtet werden, da sich daraus für die vorliegende Problematik nichts Neues ergibt.

15 Der Begriff der distributiven Anknüpfung hat seinen Ursprung im französischen Recht mit dem „rattachement distributif".

Ausnahme kommt in Betracht, wenn keiner der Verlobten Deutscher ist. In diesem Fall kann vor einer von der Regierung des Staates, dem einer der Verlobten angehört, ordnungsgemäß ermächtigten Person die Ehe in der nach dem Recht dieses Staates vorgeschriebenen Form geschlossen werden, Art. 13 III 2 EGBGB.

Eine Eheschließung im Ausland ist gemäß Art. 11 I 1 EGBGB formgültig, wenn sie die Formerfordernisse des Geschäftsstatuts (Art. 13 EGBGB) oder des Ortsrechts erfüllt. Geschäftsrecht und Ortsrecht gelten alternativ.[16]

II. Reichweite des Rechts, das die Voraussetzungen der Ehe beherrscht

Das Recht, das die Voraussetzungen der wirksamen Eheschließung beherrscht, also die Unwirksamkeit einer Ehe ausspricht, soll im Sinne eines umfassenden „Ehenichtigkeitsstatuts" auf alle Fragen Anwendung finden, die mit der Unwirksamkeit der Ehe und ihren Folgen für die Partner in Zusammenhang stehen. Ihm sollen insbesondere unterliegen die Klagebefugnis bei der vernichtbaren Ehe,[17] die Vorschriften über die Heilung der Nichtigkeit bzw. den Ausschluß der Geltendmachung der Nichtigkeit[18] sowie die personenrechtlichen und vermögensrechtlichen Folgen der unwirksamen Ehe für die Partner.[19]

1. Anknüpfung, wenn nur ein einziges Recht die Voraussetzungen der Ehe beherrscht

Wenig Schwierigkeiten macht die Anknüpfung an das Recht, das die Voraussetzungen der wirksamen Ehe beherrscht, wenn es sich dabei um ein einziges Recht handelt. Dies ist der Fall, wenn nur materiell-rechtliche Ehehindernisse in Betracht kommen und die beiden Verlobten dieselbe Staatsangehörigkeit haben oder wenn auch oder nur formelle Fehler vorliegen und die Heimatrechte der beiden Verlobten sowie das Ortsrecht identisch sind.

16 Auf die im einzelnen abweichenden Vorschriften der Artt. 5 - 7 des Haager Eheschließungsabkommens soll hier nicht eingegangen werden, da sich daraus für die Problematik keine neuen Aspekte ergeben.

17 LG Essen, Urteil v. 28. 04. 1959, IPRspr. 58 - 59 Nr. 123 S. 430; BGH, Urteil v. 28. 06. 1961, IPRspr. 60 - 61 Nr. 197 S. 616.

18 LG Frankfurt, Urteil v. 09. 05. 1958, IPRspr. 58 - 59 Nr. 116 S. 407 (art. 196 cc); LG Mannheim, Urteil v. 29. 01. 1965, IPRspr. 64 - 65 Nr. 87 S. 287 (Fortsetzung und Bestätigung); AG Frankfurt, Beschluß v. 03. 06. 1965, IPRspr. 65 Nr. 89a S. 292 (Genehmigung); LG Hamburg, Urteil v. 11. 07. 1973, IPRspr. 73 Nr. 35 S. 90; LG Hamburg, Urteil v. 12. 05. 1976, IPRspr. 76 Nr. 32 S. 101.

19 OLG Düsseldorf, Urteil v. 27. 01. 1992, FamRZ 1992, 815ff.

In diesen Fällen sind Unsicherheiten der Rechtsprechung nur hinsichtlich der Anknüpfung der Klagebefugnis des Staatsanwalts aufgetreten. Die Klagebefugnis der Verlobten richtet sich für jeden Verlobten nach seinem Heimatrecht. Ist er danach zur Klage befugt, so darf er alle Mängel der Eheschließung geltend machen, auch solche, die nach dem Heimatrecht des Partners in seiner Person vorliegen. Für formelle Mängel ist zusätzlich das Ortsrecht zu beachten. Aus diesen Rechten müßte sich nach dem oben Gesagten[20] auch die Klagebefugnis des Staatsanwalts ergeben.

Das Landgericht Hamburg wandte jedoch in einem Urteil aus dem Jahre 1973 auf die Klagebefugnis des deutschen Staatsanwalts das deutsche Recht an, obwohl für die Unwirksamkeit der Ehe wegen Bigamie das englische Recht maßgebend war.[21] Es sah, ohne dies auszusprechen, die Klagebefugnis des deutschen Staatsanwalts als eine Frage des Verfahrensrechts an, auf die die lex fori anzuwenden ist. Nur der deutsche Staat könne bestimmen, wann sein Staatsanwalt tätig werde.

Neuere Urteile wenden demgegenüber auch auf die Klagebefugnis des Staatsanwalts das Recht an, das die Nichtigkeit ausspricht.[22]

2. Anknüpfung, wenn mehrere Rechte die Voraussetzungen der Ehe beherrschen

Schwierigkeiten bereitet die Anknüpfung, wenn mehrere Rechte die Voraussetzungen der Ehe beherrschen. In diesen Fällen ist zu bestimmen, welches dieser Rechte die Unwirksamkeit der Ehe und ihre Folgen regeln soll. Dabei sind zwei Situationen zu unterscheiden: die Ehe kann materielle oder formelle Fehler aufweisen.

a) Materielle Fehler

Hat die Eheschließung materielle Mängel, so stellt sich die Frage, welches der von Art. 13 I EGBGB berufenen Heimatrechte der Verlobten im Fall einer gemischt-nationalen Ehe die Unwirksamkeit der Ehe und ihre Folgen regelt.

Nach der Rechtsprechung ist dies wegen des teils distributiven, teils kumulativen Charakters der Anknüpfung in Art. 13 EGBGB, nach der die Ehe nur wirksam sein soll, wenn beide Heimatrechte sie für wirksam halten, das strengere Recht.[23]

---

20 Vgl. oben 3. Kapitel A II.

21 LG Hamburg, Urteil v. 16. 05. 1973, IPRspr. 7 Nr. 34 S. 89.

22 AG Heidelberg, Urteil v. 15. 01. 1985, IPRax 1986, 165; OLG Karlsruhe, Urteil v. 12. 07. 1985, IPRax 1986, 166.

23 Die Begrifflichkeit ist unterschiedlich. Es wird vom strengeren, ärgeren oder schwächeren Recht gesprochen. Diese Begriffe meinen alle dasselbe.

Die einschlägigen Urteile ergingen zumeist im Anschluß an eine Ehenichtigkeitsklage oder einen Antrag auf Anlegung eines Familienbuchs, der dann abgelehnt werden kann, wenn die Ehe eine Nichtehe ist. Gefragt war in diesen Fällen, welche Sanktion ein Eheschließungsfehler nach sich zieht, insbesondere, ob die Unwirksamkeit geltend gemacht werden muß.

Der Grundsatz des strengeren Rechts bedeutet in diesem Zusammenhang: Anwendbar ist das Recht, das der Eheschließung weniger Wirkung verleiht. Ist die Ehe nach einem Recht Nichtehe, nach dem anderen Recht vernichtbare Ehe, so ist sie Nichtehe. Die bigame Ehe eines Engländers mit einer Deutschen ist „void marriage" nach englischem Recht.[24] Die bigame Ehe eines Philippinos mit einer Deutschen ist Nichtehe nach philippinischem Recht.[25] Die bigame Ehe eines Ghanesen mit einer Deutschen ist Nichtehe nach ghanaischem Recht.[26] Ist die Ehe nach einem Recht vernichtbar oder gar Nichtehe, nach dem anderen Recht gültig, so ist sie vernichtbar bzw Nichtehe. Die bigame Ehe eines Iraners, dem die Ehe mit bis zu vier dauernden und vier zeitigen Frauen erlaubt ist, mit einer Deutschen ist nichtig nach deutschem Recht.[27]

Der Fall, daß die Ehe nach den Heimatrechten beider Verlobten vernichtbar ist, diese Vernichtung jedoch nach dem einen Recht nur Wirkung ex nunc, nach dem anderen Recht Wirkung ex tunc hat, ist – soweit ersichtlich[28] – noch nicht entschieden worden. In konsequenter Fortführung des Grundsatzes des strengeren Rechts läge in diesem Fall eine ex tunc nichtige Ehe vor.

Das Landgericht Hamburg hatte im Jahre 1975 über einen Antrag auf Nichtigerklärung in einem Fall zu entscheiden, in dem die Ehe wegen Bigamie nach den Heimatrechten beider Verlobten rückwirkend vernichtbar war.[29] Die Klägerin, eine Portugiesin, hatte im Jahre 1973 in Tondern (Dänemark) den Beklagten, einen Angehörigen des Staates New York, geheiratet, der zu diesem Zeitpunkt, ohne daß die Klägerin davon wußte, bereits in erster Ehe mit einer anderen Frau verheiratet war. Beide hatten seit 1971 ihren ständigen gemeinsamen Wohnsitz in Hamburg. In Ansehung der Klägerin war das portugiesische Recht anzuwenden, das in artt. 1601 lit. c, 1631 lit. a, 1632 cc die rückwirkende Nichtigkeit der bigamen Ehe ausspricht. In Ansehung des Beklagten fand im Wege der versteckten Rückverweisung durch das Recht des Staates New York das deutsche Recht Anwendung, das in §§ 20, 23 EheG die rückwirkende Nichtigkeit der bigamen Ehe bestimmt. In einem solchen Fall, in dem keines der berufenen Rechte in der Sanktion strenger urteile,

24 LG Hamburg, Urteil v. 16. 10. 1958, StAZ 1960, 99.

25 OLG Hamburg, Beschluß v. 05. 08. 1987, IPRspr. 87 Nr. 45 S. 113; LG Hamburg, Urteil v. 10.01. 1990, IPRspr. 90 Nr. 65 S. 65.

26 OLG Hamburg, Beschluß v. 06. 11. 1987, IPRspr. 1987 Nr. 46 S. 118f; BGH, Beschluß vom 04. 10. 1990, NJW 1991, 3088 (3091).

27 LG Hamburg, Urteil v. 30. 10. 1974, IPRspr. 74 Nr. 50 S. 143.

28 Durchgesehen: IPRspr., IPRax.

29 LG Hamburg, Urteil v. 08. 10. 1975, IPRspr. 75 Nr. 38 S. 85 (88).

sei – so entschied das Landgericht Hamburg – dem Heimatrecht des verletzten Ehegatten der Vorzug zu geben.[30] Der Mangel der Doppelehe bestimme sich daher im zu entscheidenden Fall nach Form der Geltendmachung und Rechtsfolgen nach den artt. 1601ff des portugiesischen codigo civil, dem Heimatrecht des nicht bigamen Partners.

Nur selten hatten die Gerichte die Gelegenheit zu entscheiden, welches Recht im Falle einer gemischt-nationalen Ehe auf die personenrechtlichen und vermögensrechtlichen Folgen der Unwirksamkeit anwendbar ist. Würde man auch hierauf die Vorschrift des Art. 13 EGBGB und den Grundsatz des ärgeren Rechts anwenden, so müßte man jeweils die einzelnen zur Entscheidung stehenden personenrechtlichen und vermögensrechtlichen Folgen in den beteiligten Rechtsordnungen vergleichen und das Recht anwenden, das in bezug auf die konkrete Folge das strengere ist.

Dieser Lösung ist die Rechtsprechung entgegengetreten. Bereits im Jahre 1978 entschied das Oberlandesgericht Nürnberg, beschränkt auf die güterrechtlichen Wirkungen der Ehe, daß diese sich im Falle der Nichtigerklärung der Ehe nach dem Recht richten sollten, das bis zur Nichtigerklärung den Güterstand der Parteien bestimmt hat.[31] Mit dieser Anknüpfung wurde der Tatsache Rechnung getragen, daß das Kollisionsrecht für den Güterstand eine beschränkte Möglichkeit der Rechtswahl vorsieht.

Im Jahre 1992 entschied das Oberlandesgericht Düsseldorf über die Anknüpfung aller personen- und vermögensrechtlichen Folgen in einem anderen Sinne.[32] Die Situation war folgende: Der Kläger, ein Deutscher, und die Beklagte, im Zeitpunkt der Eheschließung Italienerin, hatten im Jahre 1967 geheiratet. Zuvor hatte sich die Beklagte von ihrem ersten Ehemann durch Urteil eines mexikanischen Gerichts scheiden lassen, das jedoch weder in Deutschland noch in Italien anerkannt wurde. Der Kläger beantragte zwanzig Jahre später die Nichtigerklärung der Ehe wegen Bigamie. Die Beklagte beantragte, die Klage abzuweisen und im Wege der Hilfswiderklage festzustellen, daß der Kläger nicht berechtigt sei, durch Erklärung ihr gegenüber die für den Fall der Scheidung vorgesehenen vermögensrechtlichen Folgen für die Zukunft auszuschließen. Die Hilfswiderklage wurde später zurückgenommen. Das mit der Sache befaßte Amtsgericht erklärte die Ehe für nichtig. Hiergegen wandte sich die Beklagte mit der Berufung. Obwohl das Oberlandesgericht Düsseldorf nur über die Frage des auf die Sanktion anwendbaren Rechts zu entscheiden hatte, ging es zur Begründung derselben auch auf die Anknüpfung der

30 Ebenso das OLG Düsseldorf, Urteil v. 27.01. 1992, FamRZ 1992, 815ff; ähnlich Staudinger-von Bar Art. 13 EGBGB, Rn. 187, der bei gleichartigen Folgen aber unterschiedlicher Art der Geltendmachung das Recht des verletzten Ehegatten anwenden will.

31 OLG Nürnberg, Urteil v. 21. 09. 1978, IPRspr. 78 Nr. 16 S. 27; daß das Güterrecht Ausgangspunkt für die Frage nach dem auf die Folgen der unwirksamen Ehe anwendbaren Recht war, zeigt sich auch in anderen Rechten: vgl. das Urteil *Kaspar* in Frankreich, Schwind, Handbuch, Rn. 237, S. 116 in Österreich.

32 OLG Düsseldorf, Urteil v. 27. 01. 1992, FamRZ 1992, 815ff.

Folgewirkungen der Ehebeseitigung ein. Es stellte fest, die Ehe der Parteien sei sowohl nach dem Heimatrecht des Mannes als auch nach dem Heimatrecht der Frau rückwirkend vernichtbar. Welches Recht das strengere sei, lasse sich in einem solchen Falle nicht feststellen. Insbesondere gehe es nicht an, zur Beantwortung dieser Frage die einzelnen Folgewirkungen der unwirksamen Ehe zu vergleichen und so ein „strengeres Recht" festzustellen. Vielmehr müsse die Beantwortung der Frage nach dem „strengeren Recht" sich allein an der Sanktion orientieren. Gebe es danach kein strengeres Recht, so sei im Anschluß an die Rechtsprechung des Landgerichts Hamburg das Heimatrecht des verletzten Ehegatten maßgebend. Das Recht, das nach diesen Grundsätzen auf die Sanktion anwendbar sei, bestimme dann einheitlich auch sämtliche Folgewirkungen der Ehebeseitigung für die Partner, nämlich die persönlichen Beziehungen der Ehegatten untereinander, Unterhalt und andere vermögensrechtliche Wirkungen. In diesem Zusammenhang verweist das Oberlandesgericht Düsseldorf auf die entsprechende ausdrückliche Regelung des Ehegattenunterhalts in Art. 18 IV EGBGB. Im konkreten Fall wandte es das Heimatrecht des nicht bigamen Partners an, nämlich deutsches Recht.

Auffallend an dieser Entscheidung und vielleicht ein Zeichen von Unsicherheit ist die Tatsache, daß das Gericht sein Ergebnis, die Anwendung des deutschen Rechts, abschließend damit rechtfertigt, daß der Sachverhalt eine besondere Nähe zum deutschen Recht aufweise. Die Parteien hätten die Ehe in Deutschland geführt und besäßen inzwischen auch beide die deutsche Staatsangehörigkeit.

b) Formelle Fehler

Leidet die Eheschließung an formellen Fehlern, so geht die Beurteilung der Eheunwirksamkeit und ihrer Folgen von den Vorschriften der Artt. 13 III, 11 I EGBGB aus. Zur gleichzeitigen Anwendbarkeit mehrerer Rechtsordnungen kann es nur im Falle einer Auslandsheirat kommen, nämlich dann, wenn das Geschäftsstatut und das Ortsrecht verschieden sind. Was insbesondere bei gemischt-nationalen Ehen das Geschäftsstatut ist, richtet sich nach Art. 13 I EGBGB und den dazu dargestellten Anknüpfungsgrundsätzen. Sind Geschäftsstatut und Ortsrecht verschieden, so entspräche es dem in der Alternativanknüpfung des Art. 11 EGBGB zum Ausdruck gebrachten favor negotii, das mildere Recht anzuwenden.[33] Die Rechtsprechung neigt indessen dazu, die Formverletzung des Geschäftsstatuts zu ignorieren und die Verletzungsfolgen allein nach dem Ortsrecht zu beurteilen.[34]

---

33 So die h.L., vgl. Nachweise bei MüKo-Schwimann, Art. 13 EGBGB, Rn. 121, im einzelnen streitig.

34 Leitentscheidung: RGZ 133, 161, 165f; auch OLG Celle, Beschluß v. 20. 08. 1963, IPRspr. 1962 / 63 Nr. 193 S. 634; LG Hamburg, Urteil v. 27.06. 1977, Nr. 51, S. 140 – sämtlich zu Art. 11 I EGBGB a.F., der jedoch durch die Neufassung inhaltlich nicht geändert worden ist; kritisch dazu MüKo-Schwimann, Art. 13, Rn. 121; von Bar, IPR II, Rn. 167.

B. Kritik an den Anknüpfungsgrundsätzen der Rechtsprechung

Die deutsche Rechtsprechung knüpft alle mit der Unwirksamkeit der Ehe zusammenhängenden, die Partner betreffenden Fragen, insbesondere die Fragen der Geltendmachung der Unwirksamkeit und ihrer Folgen für die Partner an ein einheitliches Recht, nämlich das Recht, das die Nichtigkeit ausspricht. Sie befindet sich damit im Einklang mit einem großen Teil der deutschen Lehre[35] sowie mit der Rechtsprechung und Literatur mancher anderer Staaten.[36]

Für die Anknüpfung der Rechtsprechung spricht ihre Einfachheit. Sie schafft ein einheitliches Nichtigkeitsstatut[37] und ist mit der für den Unterhalt geltenden Vorschrift des Art. 18 IV EGBGB vereinbar.[38]

Zu folgen ist dieser Rechtsprechung jedoch nur, wenn sie in der Lage ist, alle im Zusammenhang mit der Ehenichtigkeit auftretenden Fragen zufriedenstellend zu lösen.

Zweifelhaft ist dies in den Fällen, in denen der Grundsatz des strengeren Rechts versagt, weil mehrere auf die materiellen Voraussetzungen der Eheschließung anwendbaren Rechte eine übereinstimmende Form der Eheunwirksamkeit feststellen. In diesen Fällen wendet die Rechtsprechung das Heimatrecht des verletzten Ehegatten an.

---

35 Palandt-Heldrich, Art. 13 EGBGB, Rn. 11 - 14; Erman-Hohloch, Art. 13 EGBGB, Rn. 36 - 38; MüKo-Schwimann, Art. 13 EGBGB, Rn. 77ff, 117ff; Soergel-Kegel, 11. Auflage, Art. 13 EGBGB, Rn. 88ff, 99ff; Ferid, IPR, Rn. 8 - 64, 8 - 68; Firsching / von Hoffmann, IPR, S. 263f; Aretz / Korth, IPR, S. 97, Rn. 70; Raape, IPR, S. 238; einschränkend Kropholler, § 44 III, S. 306, der für die „entfernteren" Fragen der Folgen für den Namen und den Unterhalt die für diese Fragen bestehenden besonderen Kollisionsnormen Artt. 10 und 18 EGBGB anwenden will.

36 Vgl. in *Österreich* OGH, Urteil v. 20. 07. 1989, ÖJZ 1990, 55 - 57, der jedoch bei Konkurrenz zunächst auf die zeitliche Abfolge der Geltendmachung abstellt. Die schwerere Sanktion kann aber der leichteren nachfolgen, bei Gleichzeitigkeit Grundsatz des strengeren Rechts, keine Beantwortung der Frage, was bei Identität gelten soll; ähnlich Schwimann, S. 206, der jedoch hinsichtlich der Güterrechtsanknüpfung zwischen dem Nichtigkeitsstatut und dem Güterrechtsstatut schwankt; in *Frankreich* arrêt *Moreau*, Cass. civ. 1ère, 6 mars 1956, Rev. crit. 1956, 305; Goldman, Clunet 1951, 190; Loussouarn / Bourel, Rn. 309, 310, S. 324ff; in *Belgien* van Hecke / Lenaerts, Rn. 472; in *Italien* Cass. 14. 03. 1968 n. 823, RDIPP 1968, 674 - 680; App. Torino 11. 07. 1964, RDIPP 1965, 135 - 148; Vitta, S. 219, Giardina, S. 302; in *Spanien* S.T.S. de 12 de mayo de 1944, Revista de Derecho Privado 1944, 645f; de 29 de mayo de 1962, Revista de Derecho Privado 1962, 635; de 21 de diciembre de 1963, Revista de Derecho Privado 1964, 232f; de 5 de julio de 1965, Revista de Derecho Privado 1965, 893; de 7 de marzo 1972, Revista de Derecho Privado 1972, 532; de 18 de diciembre de 1981, Revista de Derecho Privado 1983, 195f; Campos / Rozas / Caravaca, S. 434 - 441; Lopez / Escudera, S. 176; Salcedo, Rev. crit. 1983, 25; Colomo, Derecho internazionale privado 1954.

37 So auch Boulanger, Band 1, Rn. 208 betreffend das französische Recht.

38 Dies ist ein entscheidendes Argument für Vitta, S. 219.

Welches Recht das ist, ist leicht festzustellen bei Unwirksamkeit der Ehe infolge von Ehehindernissen, die dem Schutz eines Verlobten dienen.[39] Wird ein Verlobter getäuscht oder unterliegt er einem Irrtum, so ist er der Verletzte. In diesen Fällen wird es jedoch gar nicht erst zu der Pattsituation kommen, die das Ausweichen auf das Recht des verletzten Ehegatten notwendig macht. Denn es handelt sich um einseitige Ehehindernisse, auf die in distributiver Anknüpfung ohnehin nur das Recht des Partners Anwendung findet, in dessen Person das Ehehindernis auftritt. Mehrere Rechte finden nur Anwendung, wenn beide Verlobten bei Eheschließung einem Willensmangel unterlagen. Dann gibt es jedoch auch zwei Verletzte, so daß die Anknüpfung an das Heimatrecht des Verletzten nicht weiterführt.

Typischerweise wird die Anknüpfung an das Heimatrecht des Verletzten relevant in Fällen, bei denen ein zweiseitiges Eheverbot vorliegt und die Heimatrechte der beiden Ehegatten folglich kumulativ anwendbar sind. So lag der Entscheidung des Landgerichts Hamburg[40] wie der des Oberlandesgerichts Düsseldorf[41] eine bigame Ehe zugrunde.

Hier erscheint es insoweit schwierig, von einem verletzten Ehegatten zu sprechen als die zweiseitigen Eheverbote häufig nicht dem Schutz der Ehegatten, sondern dem Interesse der Allgemeinheit dienen. Das Verbot der Doppelehe soll nicht den monogamen Partner schützen, sondern das Institut der monogamen Ehe als Grundlage der Gesellschaft erhalten.[42] Dennoch sieht das Landgericht Hamburg dabei in dem nicht bigamen Partner den Verletzten, wobei die Begründung darauf schließen läßt, daß das Gericht dabei seine Gutgläubigkeit in bezug auf die Doppelehe des Partners berücksichtigt hat.

Wer der Verletzte sein soll, wenn beide Ehegatten bösgläubig sind oder beide – etwa im Falle einer unwirksamen Scheidung der ersten Ehe – von der Wirksamkeit der zweiten Ehe ausgehen, wird nicht gesagt. Für den zweiten Fall stellt das Oberlandesgericht Düsseldorf offenbar darauf ab, aus wessen Sphäre das Ehehindernis stammt.

Vollends unmöglich wird die Bestimmung des verletzten Ehegatten bei einem Verstoß gegen das Verbot der Verwandtschaft oder Schwägerschaft, wenn beide Partner gutgläubig oder beide Partner bösgläubig sind. Der Zweck des Eheverbotes der Verwandtschaft oder Schwägerschaft ist die Verhinderung der Geschlechtskonkurrenz innerhalb der Kernfamilie und der Aufwertung möglicher sexueller Beziehungen zur Ehe.[43] Der Schutz dient der Allgemeinheit, so daß sich hieraus die Bestimmung des Verletzten nicht vornehmen läßt. Sind beide Partner gut- oder bösgläubig, so hilft auch dieses Kriterium nicht weiter. Aus wessen Sphäre das Ehe-

---

39 Dazu oben 2. Kapitel A II 1 c.

40 LG Hamburg, Urteil v. 08. 10. 1975, IPRspr. 75 Nr. 38 S. 85 (88).

41 OLG Düsseldorf, Urteil v. 27. 01. 1992, FamRZ 1992, 815 - 817.

42 So wohl auch Henrich, IPRax 1993, 236 (237).

43 Palandt-Diederichsen, § 4 EheG, Rn. 1; Soergel-Heintzmann, § 4 EheG, Rn. 1.

verbot stammt, läßt sich ebensowenig sagen: jeder Partner ist mit dem anderen verwandt bzw. verschwägert.

Schließlich sind Fälle denkbar, in denen die beiden Heimatrechte der Verlobten aus unterschiedlichen Gründen die Unwirksamkeit der Ehe annehmen und dafür eine übereinstimmende Sanktion vorsehen. Beispielsweise können die beiden Rechte die Ehe für rückwirkend vernichtbar erklären, das Heimatrecht der Ehefrau wegen Eheunmündigkeit der Ehefrau, das Heimatrecht des Ehemannes wegen Täuschung des Ehemannes. In diesen Fällen kann der Verletzte bei beiden Ehehindernissen ein anderer sein.

Es gibt folglich zahlreiche Fälle, in denen die Bestimmung des verletzten Ehegatten nicht möglich ist.[44] Diese Fälle vermag die Rechtsprechung nicht zu lösen. Die Anknüpfung der Unwirksamkeit der Ehe an das Heimatrecht des verletzten Ehegatten in den Fällen, in denen von mehreren zur Anwendung berufenen Rechten keines das strengere ist, ist folglich ungeeignet und daher abzulehnen.

Es ist zumindest für diese Fälle nach einer anderen Anknüpfung zu suchen, wobei zu prüfen sein wird, inwieweit infolge dieser Schwächen der Rechtsprechung auch die grundsätzliche Anknüpfung der Ehenichtigkeit und ihrer Folgen für die Partner an das Recht, das die Voraussetzungen der Ehe aufstellt, in Frage gestellt wird.

C. Andere Lösungsvorschläge

Im folgende sollen daher andere Anknüpfungsmöglichkeiten daraufhin überprüft werden, ob sie zur Anknüpfung der fehlerhaften Ehe geeignet und mit den Vorgaben des positiven deutschen Rechts, Artt. 13, 11, 18 IV EGBGB in Einklang zu bringen sind.

I. Anknüpfungsmöglichkeiten unter Beibehaltung der grundsätzlichen Anknüpfung der fehlerhaften Ehe an das Recht, das die Voraussetzungen der Ehe aufstellt

In Betracht kommt zunächst eine Lösung auf dem Boden der deutschen Rechtsprechung. Man könnte die von der Rechtsprechung befürwortete Anknüpfung der fehlerhaften Ehe an das Recht, das die Voraussetzungen der Ehe aufstellt, im Grundsatz beibehalten und lediglich in den Fällen eine andere Anknüpfung wählen, in denen diese Rechtsprechung versagt.

44 Palandt-Heldrich, Art. 13 EGBGB, Rn. 14.

Zu Schwierigkeiten führt die Anknüpfung an das Heimatrecht des verletzten Ehegatten in den Fällen, in denen es kein strengeres Recht gibt.

1. Ersatzrecht

Eine andersartige Anknüpfung müßte also entweder die Anknüpfung an das Heimatrecht des verletzten Ehegatten ersetzen oder zumindest dann eingreifen, wenn der verletzte Ehegatte sich nicht bestimmen läßt. Welches Recht kommt dafür in Frage?

Wie die Rechtsprechung zum Heimatrecht des verletzten Ehegatten richtig erkannt hat, ist in erster Linie an eines der von Art. 13 EGBGB distributiv zur Anwendung berufenen Rechte zu denken: Art. 13 EGBGB bringt durch die Anknüpfung an die Heimatrechte der Verlobten zum Ausdruck, daß die Staatsangehörigkeit, ein relativ starres und schwer zu manipulierendes Merkmal, maßgebend für den statusbegründenden Akt der Eheschließung sein soll.

Die Entscheidung für eines der Heimatrechte muß jedoch aufgrund eines eindeutig bestimmbaren Kriteriums ergehen. Bei einer Anknüpfung an das Heimatrecht des Verletzten oder des Verletzers ist das, wie gezeigt,[45] nicht gewährleistet.

Man könnte auf die Person abstellen, die sich auf die Unwirksamkeit beruft. Dies würde jedoch die Frage nach dem anwendbaren Recht von Zufällen abhängig machen und zudem versagen, wenn beide Ehegatten, der Staatsanwalt oder ein Dritter die Unwirksamkeit geltend machen.[46]

In Anlehnung an die herrschende Meinung zur Anknüpfung der Verlöbniswirkungen bei Verlöbnisbruch[47] könnte man das Heimatrecht des in Anspruch genommenen Verlobten anwenden. Daß in diesem Fall zwei verschiedene Rechtsordnungen anwendbar sein könnten, wenn die Verlobten gegeneinander Ansprüche erheben, zieht diese Anknüpfung nicht in Zweifel. Die Parallele zur Rechtslage beim Verlöbnisbruch scheitert jedoch aus anderen Gründen: Während die rechtliche Bedeutung des Verlöbnisses sich auf vermögensrechtliche Aspekte beschränkt und folglich die Rechtsstreitigkeiten bei Verlöbnisbruch sich ausschließlich auf Ansprüche der Verlobten gegeneinander beziehen, hat die Ehe statusrechtliche Bedeutung. Die Frage nach dem auf die Eheungültigkeit anwendbaren Recht kann sich daher auch im Rahmen der Prüfung der Ehelichkeit eines Kindes oder – da die Eheauflösung formbedürftig ist – der Voraussetzungen für die Geltendmachung der Eheunwirksamkeit stellen. Ein Beispiel dafür ist die oben zitierte Entscheidung

---

45 Vgl. oben S. 57f.

46 Bei Ehehindernissen, die dem Schutz der Allgemeinheit dienen, ist der Staatsanwalt klagebefugt. In einigen Rechtsordnungen kann jeder klagen, der ein Interesse hat, vgl. oben S. 34f.

47 BGH, Urteil v. 21. 11. 1958, BGHZ 28, 376 (378).

des Landgerichts Hamburg.[48] In diesen Fällen gibt es keinen Anspruchsgegner, so daß die Anknüpfung an dessen Heimatrecht ins Leere ginge.

Darauf abzustellen, wo das Rechtsgeschäft der Eheschließung seinen Schwerpunkt hat, würde zu großer Rechtsunsicherheit führen und damit dem Statuscharakter der Eheschließung nicht gerecht werden.[49]

Man könnte schließlich statt des Heimatrechts des verletzten Ehegatten oder jedenfalls, wenn sich ein solches nicht bestimmen läßt, auf die lex fori zurückgreifen.[50] Die lex fori wird von der Rechtsprechung als Ersatzrecht herangezogen, wenn sich das berufene ausländische Recht nicht ermitteln läßt[51] oder der ordre public dem durch die Anknüpfung gefundenen Ergebnis entgegensteht.[52] Fälle, in denen die Anknüpfung an das günstigere oder das strengere Recht zu keinem Ergebnis kommt, hat die Rechtsprechung über die beiden oben zitierten Urteile[53] hinaus nicht entschieden, weder zum Verlöbnisrecht noch zum früheren Recht der Ehewirkungen[54] noch zum Deliktsrecht. Diesen ist mit den Fällen, in denen die Rechtsprechung die lex fori anwendet, gemeinsam, daß die ordnungsgemäße Anknüpfung nicht zum Ziel führt. Anders als dort liegt der Grund dafür jedoch nicht darin, daß das ausländische Recht sich tatsächlich nicht ermitteln läßt, sondern in der Unzulänglichkeit der Verweisung selbst. Würde man auch insoweit die lex fori als Ersatzrecht heranziehen, gäbe man ihr einen zu breiten Anwendungsbereich.

Die zweckmäßige Lösung in solchen Fällen läßt sich vielmehr der Anknüpfungstechnik einiger Normen des EGBGB entnehmen. Art. 14 I EGBGB[55] stellt beispielsweise auf die gemeinsame Staatsangehörigkeit der Ehegatten ab. Gibt es eine solche nicht, führt diese Anknüpfung – wie in unserem Fall – ins Leere. Ersatzweise wird die nächstliegende Anknüpfung gewählt, zunächst die letzte gemeinsame Staatsangehörigkeit während der Ehe, dann das Recht am gewöhnlichen Aufenthalt usw. (Kegelsche Leiter). Entsprechend könnte man die Unwirksamkeit

---

48 LG Hamburg, Urteil v. 08. 10. 1975, IPRspr. 75 Nr. 38 S. 85ff.

49 BGH, Urteil v. 21. 11. 1958, BGHZ 28, 376 (379) zur Anknüpfung der Verlöbniswirkungen bei Verlöbnisbruch.

50 In Ägypten stellt art. 12 / 14 bei verschiedenen Heimatrechten auf das Heimatrecht ab, das zugleich lex fori ist, vgl. Palsson, S. 104.

51 BGH, Beschluß v. 26. 10. 1977, BGHZ 69, 387 (394); BGH, Urteil v. 23. 12. 1981, NJW 1982, 1215f.

52 BGH, Beschluß v. 07. 12. 1977, NJW 1978, 1107 (1108); auch § 6 des österreichischen IPRG, französische Tradition: Cass. civ. 15. 05. 1963, JCP 63. 2. 13365.

53 LG Hamburg, Urteil v. 08. 10. 1975, IPRspr. 75 Nr. 38 S. 85 (88); OLG Düsseldorf, Urteil v. 27. 01. 1992, FamRZ 1992, 815 - 817.

54 BayOLG, Urteil v. 17. 02. 1972, BayOLGZ 72, 50 (54) lehnt mit dem Argument, die Anknüpfung führe zu keinem Ergebnis, die Ansicht Kegels ab, wonach sich die Ehewirkungen nach dem strengeren Recht richten.

55 Die Anknüpfungstechnik des Art. 14 n.F. ist die Lösung für ein ähnliches Versagen des Art. 14 a.F.: Dieser knüpfte an die Staatsangehörigkeit an. Keine Lösung gab es, wenn die Ehegatten verschiedener Staatsangehörigkeit waren.

der Ehe für den Fall, daß von mehreren anwendbaren Heimatrechten keines das strengere ist, nicht an das Heimatrecht des verletzten Ehegatten, sondern stattdessen an das Recht am Ort des jeweiligen gewöhnlichen Aufenthalts der Ehegatten im Zeitpunkt der Eheschließung, ggf. das strengere von beiden oder, wenn keines strenger wäre, an den Ort der Eheschließung anknüpfen.

2. Wahl eines anderen Bezugspunktes für die Bestimmung des „strengeren Rechts"

In Betracht zu ziehen ist daneben eine andere Lösung, die ebenfalls im Grundsatz mit der Rechtsprechung übereinstimmt. Man könnte der Rechtsprechung folgen, soweit sie die Eheunwirksamkeit an das Eheschließungsstatut knüpft und im Rahmen des Art. 13 EGBGB auf das strengere Recht abstellt, für die Bestimmung dieses Rechts jedoch einen anderen Bezugspunkt wählen.

Die Rechtsprechung fragt danach, welches Recht im Hinblick auf die Sanktion das strengere ist. Nach diesem einmal festgestellten Recht richten sich dann alle weiteren Nichtigkeitsfolgen.[56]

Statt dessen könnte man in bezug auf jede einzelne Nichtigkeitsfolge das strengere Recht bestimmen, nämlich das Recht, das der Ehe in bezug auf diese Folge die schwächeren Wirkungen verleiht.[57] Das wäre z. B. in bezug auf den Unterhalt das Recht, das der fehlerhaften Ehe geringere unterhaltsrechtliche Folgen verleiht, in bezug auf den Versorgungsausgleich das Recht, das weniger Versorgungsausgleich gibt. Ist in bezug auf eine bestimmte Folge ein strengeres Recht nicht feststellbar, so würde die von beiden Rechten gleichermaßen ausgesprochene rechtliche Regelung gelten.

Da bei einer derartigen Anknüpfung jedes Recht nur eine bestimmte Frage regelt, ohne daß sich daran weitere Folgewirkungen anschließen, steht nichts der Möglichkeit entgegen, mehrere Rechtsordnungen gleichen Inhalts in bezug auf die Folge kumulativ anzuwenden. Eine Ehe, die nach den Heimatrechten beider Ehegatten rückwirkend vernichtbar ist, ist daher rückwirkend vernichtbar. Es ist nicht erforderlich festzustellen, nach welchem Recht.[58] Diese Anknüpfung führt in jedem Fall zu einer eindeutigen Lösung.

Sie hat jedoch den Nachteil, daß sie jede einzelne Folgewirkung der Ehenichtigkeit möglicherweise einem anderen Recht unterstellt. Dies ist sachgerecht bei Fragen, die beziehungslos nebeneinander stehen. Insbesondere die vermögensrechtli-

---

56 Vgl. oben S. 53ff.

57 So MüKo-Schwimann, Art. 13 EGBGB, Rn. 82, beschränkt auf den Fall, daß es in bezug auf die Verletzungswirkung auf das Eheband kein strengeres Recht gibt, die gemäß Art. 13 EGBGB zur Anwendung berufenen Rechte vielmehr dieselbe Sanktion vorsehen.

58 So Palandt-Heldrich, Art. 13 EGBGB, Rn. 14.

chen Wirkungen der fehlerhaften Ehe bilden jedoch einen einheitlichen Regelungskomplex.[59] Diesen auseinanderzureißen ist umso schwieriger, als die Bedeutung der einzelnen vermögensrechtlichen Folgen in den verschiedenen Ländern unterschiedlich ist. Während das deutsche Recht Unterhalt, güterrechtlichen Ausgleich und Versorgungsausgleich unterscheidet, kennt das englische Recht beispielsweise nur einen einheitlichen unterhaltsrechtlichen Ausgleichsanspruch. Im Rahmen einer Billigkeitsentscheidung berücksichtigt der englische Richter bei der Unterhaltsbemessung auch Gesichtspunkte, die im deutschen Recht zum Güterrecht oder zum Versorgungsausgleich gehören.[60] In vielen Rechtsordnungen ist der Versorgungsausgleich nicht bekannt.

Eine Aufspaltung der vermögensrechtlichen Wirkungen mit der Folge einer Anknüpfung an das jeweils strengere Recht würde im Ergebnis zu einer künstlichen Mindestregelung führen, die auch solche Ansprüche versagte, die beide zur Anwendung berufenen Rechte zugestehen würden, allerdings unter verschiedenen Aspekten. Ein Ehegatte würde schlechter gestellt, nur weil er über die Grenze geheiratet hat.[61] Eine Lösung wäre nur im Wege der Angleichung möglich.

Schließlich spricht auch Art. 13 EGBGB nicht für eine Anknüpfung der Ehenichtigkeitsfolgen an das jeweils strengere Recht. Die distributive Anknüpfung der Ehevoraussetzungen in Art. 13 EGBGB dient dazu, hinkende Ehen zu vermeiden und dadurch in statusrechtlicher Sicht Rechtssicherheit zu geben. Sie will nicht die vermögensrechtlichen Ansprüche der Partner einer unwirksamen Ehe reduzieren. Folglich ist diese Lösung abzulehnen.

Ausgehend von der Anknüpfung der Eheungültigkeit an das Eheschließungsstatut kommt also nur eine Anknüpfungsleiter in Betracht: Anzuwenden ist das jeweilige Heimatrecht der Verlobten, ggf. das strengere von beiden, hilfsweise das Recht des jeweiligen gewöhnlichen Aufenthalts im Zeitpunkt der Eheschließung, ggf. das strengere von beiden, hilfsweise das Recht am Eheschließungsort.

Diese Anknüpfung ist schwierig. Sie verlangt von dem zur Entscheidung berufenen Richter, daß er sich mit mehreren ausländischen Rechten vertraut macht.[62]

---

59 Daß die vermögensrechtlichen Folgen der wirksamen Ehe in den Artt. 14ff EGBGB unterschiedlich geregelt sind, steht dem nicht entgegen. Vielmehr zeigt eine genauere Betrachtung der Anknüpfung in den Artt. 14ff EGBGB, daß dieser Systematik das Bestreben des Gesetzgebers zugrundeliegt, möglichst alle Folgen einheitlich anzuknüpfen. So finden sich Verweisungen auf Art. 14 EGBGB, und die Anknüpfung der verschiedenen vermögensrechtlichen Folgen unterscheidet sich nur infolge der Berücksichtigung einiger Besonderheiten, etwa der Unwandelbarkeit des Güterstandes.

60 Cretney & Masson, S. 275ff; ähnlich in einigen Staaten Nordamerikas, in denen es im Falle einer Scheidung zu einem Vermögensausgleich kommt, der auch Versorgungsanwartschaften umfaßt (Community property states), z. B. California, vgl. Rauscher, IPRax 1988, 345.

61 Mit diesen Argumenten wurde schon die Ansicht abgelehnt, die zu Art. 14 EGBGB a.F. die Anknüpfung an das schwächere Recht vertrat: Staudinger-Gamillscheg, 10 / 11. Auflage, Art. 14, Rn. 36; BGH, Urt. v. 12. 05. 1971, BGHZ 56, 193 m.w.N.; allgemein zur Kumulierung der Rechte: Neuhaus, Grundbegriffe, § 19 I 2, S. 98ff.

Daher ist sie nur zu befürworten, wenn gute Gründe für die Anknüpfung der Rechtsprechung an das Recht, das die Voraussetzungen der Ehe aufstellt, sprechen oder eine geeignetere Lösung ausscheidet.

Die Reaktionen auf die Anknüpfungsgrundsätze der deutschen Rechtsprechung im Schrifttum sprechen auf den ersten Blick für die Anknüpfungsgrundsätze der Rechtsprechung. Die Anknüpfung der fehlerhaften Ehe an das Eheschließungsstatut hat fast allgemeine Zustimmung gefunden.[63] Nur wenige Autoren üben daran Kritik.[64] Grund dafür mag neben der Einfachheit der Anknüpfung an ein einheitliches Nichtigkeitsstatut die Tatsache sein, daß ein logischer, untrennbarer Zusammenhang zwischen den Gültigkeitsvoraussetzungen der Ehe, dem Ausspruch der Unwirksamkeit und den vermögens- und personenrechtlichen Folgen der unwirksamen Ehe gesehen wird. Die Ehenichtigkeit ist die Kehrseite der Ehewirksamkeit, und die vermögensrechtlichen Folgen dienen dem Ausgleich für die Nichtigkeit und der Abwicklung der unwirksamen Ehe. So kann eine Rechtsordnung beispielsweise eine größere Zahl von Ehehindernissen vorsehen als eine andere, dafür aber – gewissermaßen als Ausgleich – der unwirksamen Ehe weitreichendere Folgen geben. In diesem Fall könne man nicht beide Fragen verschiedenen Rechten unterstellen.

Dieser Überlegung ist darin zu folgen, daß eine Trennung von Gültigkeitsvoraussetzungen und Folgen der unwirksamen Ehe in diesem Fall möglichst vermieden werden sollte. Die Zerstörung eines logischen Zusammenhangs wäre darin jedoch nur zu sehen, wenn sich aus der Betrachtung der materiellen Eherechte ergäbe, daß die Folgen einer unwirksamen Ehe unmittelbar davon abhängen, welches Ehehindernis ihrer Wirksamkeit entgegensteht.

Tatsächlich sehen fast alle materiellen Rechte für die Fälle, in denen die unwirksame Ehe überhaupt Wirkungen entfaltet (also alle außer der Nichtehe) eine einheitliche Regelung der Folgen vor ohne Rücksicht auf die Art des Ehehindernisses.[65] Eine Ausnahme stellt die Regelung der Ehelichkeit der Kinder aus einer unwirksamen Ehe im italienischen Recht dar. Unehelich sind bei Bösgläubigkeit beider Eltern lediglich die Kinder aus einer Doppelehe oder einer inzestuösen Ehe, art. 128 IV cc.[66] Ein logischer Zusammenhang besteht daher nicht.

---

62 Striewe, S. 410.

63 Ferid, IPR, Rn. 8 - 64; Firsching / von Hoffmann, IPR, S. 263f; Aretz / Korth, IPR, S. 97, Rn. 70; Raape, IPR, S. 238; Gollrad, S. 110; Palandt-Heldrich, Art. 13 EGBGB, Rn. 6 - 14; Erman-Hohloch, Art. 13 EGBGB, Rn. 36 - 38; MüKo-Schwimann, Art. 13 EGBGB, Rn. 82f; Staudinger-von Bar, Art. 13 EGBGB, Rn. 183ff, 198.

64 Plaut, S. 52 - 56; Kuthning, S. 118; Raape, IPR, S. 343; Lüderitz, IPR, Rn. 339; Henrich, IPRax 1993, 236.

65 Dazu oben 2. Kapitel B II; ausdrücklich Carbonnier, Band 2, Nr. 199, S. 296 für das französische Recht.

66 Vgl. oben S. 45; das brasilianische Recht, das zwischen Kindern aus anfechtbaren und nichtigen Ehen unterscheidet, bildet keine Ausnahme: es stellt den logischen Zusammenhang nicht zwischen Ehehindernis und Folge, sondern nur zwischen Ausspruch und Folge her.

Überhaupt gibt es mit Ausnahme des spanischen Rechts keine eigene Regelung der Nichtigkeitsfolgen. Diese richten sich vielmehr im Ergebnis weitgehend nach den Folgen der wirksamen Ehe oder der Scheidung, was auf der Ebene des materiellen Rechts über eine Verweisung erreicht wird.[67] Das spanische Recht kennt zwar eigene Vorschriften über die Nichtigkeitsfolgen, diese regeln jedoch zugleich die Folgen der Scheidung.

Mit den Folgen der Scheidung der wirksamen Ehe besteht folglich ebenfalls ein Zusammenhang, den die Rechtsprechung mit der Anknüpfung an das Eheschließungsstatut nicht berücksichtigt. Daß die mangelnde Berücksichtigung dieses Zusammenhangs zu Schwierigkeiten führt, deren sich die Rechtsprechung bewußt ist, verdeutlicht die bereits angesprochene Entscheidung zum güterrechtlichen Ausgleich nach der Nichtigerklärung einer Ehe. Das OLG Nürnberg hat auf den güterrechtlichen Ausgleich das Recht angewandt, das bis zur Nichtigerklärung den Güterstand der Parteien bestimmt hatte. Das ist das Güterrechtsstatut, das eigentlich gerade eine wirksame und fehlerfreie Eheschließung voraussetzt. Hätte das Gericht das Eheschließungsstatut angewandt, so hätte der Güterstand nach einem anderen Recht abgewickelt werden müssen als dem, wonach die Parteien bis dahin gelebt hatten. Das ist insbesondere dann nicht angemessen, wenn die Parteien gemäß Art. 15 II EGBGB das Güterrechtsstatut gewählt haben. Diese Wahl ginge dann ausgerechnet in dem Fall, in dem das Güterrecht besondere Bedeutung erlangt, nämlich bei der Auflösung der Ehe, ins Leere.

Freilich läßt sich das Problem der Anknüpfung des Güterrechts bei der unwirksamen Ehe lösen, indem man eine Ausnahme vom Grundsatz der Anknüpfung an das Eheschließungsstatut gerade für das Güterrecht anerkennt. Man könnte etwa in Anlehnung an Art. 50 des Codigo Bustamante von der grundsätzlichen Anknüpfung der Nichtigkeitsfolgen (dort an das gemeinsame Personalstatut der Ehegatten, hier an das Recht, das die Voraussetzungen der Ehe beherrscht) diejenigen Nichtigkeitsfolgen ausnehmen, die Gegenstände betreffen, die durch Ehevertrag von den Partnern geregelt sind.

Es stellt sich jedoch darüberhinaus allgemein die Frage, inwiefern die materiellrechtliche Parallele von Folgen der nichtigen Ehe und Ehewirkungen oder Scheidungsfolgen kollisionsrechtlich zu würdigen ist. Die Anknüpfung an das Nichtigkeitsstatut ohne Berücksichtigung des Rechtes, das die Wirkungen der gültigen Ehe beherrscht, kann zu dem absurden Ergebnis führen, daß einem Partner im Falle der Unwirksamkeit der Ehe weitergehende Rechte zustehen als er bei Wirksamkeit der Ehe hätte,[68] nämlich dann, wenn das Eheschließungsstatut für die Folgen der unwirksamen Ehe auf die Folgen der wirksamen Ehe verweist und für den konkreten Fall einer wirksamen Ehe weitergehende Wirkungen gibt als das Ehewirkungsstatut.

---

67 Dazu oben 2. Kapitel B II.

68 Gornati de Ciuceis, S. 513, Beispiel: arrêt *Hassain*.

Insbesondere führt diese Anknüpfung zu einer völlig unsicheren Einordnung der Putativehe. Die einheitliche Anknüpfung der Putativehe wie die Eheschließung wäre nur dann sachgerecht, wenn sich ihre Bedeutung in einem Ausgleich für die Rückwirkung der Nichtigkeit beschränkte, sie also nur eine Ausnahme zu den regelmäßigen Nichtigkeitsfolgen darstellte. Dafür könnte sprechen, daß die Putativehe regelmäßig im Zusammenhang mit den Vorschriften über die Ehenichtigkeit geregelt ist. Entgegen diesem formalen Argument ist jedoch zu berücksichtigen, daß die Putativehe in der Rechtspraxis tatsächlich nicht die Ausnahme, sondern die Regel ist.[69] Daß der Putativehe über den Ausgleich der rückwirkenden Nichtigkeit hinaus die Bedeutung eines eigenen Rechtsinstituts beikommt, bestätigen im übrigen die Bemühungen der Gesetzgeber, die Putativehe zugunsten der Kinder vom guten Glauben zu lösen.

Da die im Grundsatz einfache Anknüpfung der Rechtsprechung im übrigen in letzter Konsequenz zu einer komplizierten Anknüpfungsleiter führt, besteht Anlaß, nach einer anderen Lösung für die Frage der Anknüpfung der fehlerhaften Ehe zu suchen.

II. Anknüpfung der fehlerhaften Ehe insgesamt an ein anderes Statut

Man könnte die fehlerhafte Ehe und alle damit zusammenhängenden Fragen einheitlich einem anderen als dem Eheschließungsstatut unterstellen.

In der französischen Literatur wird der Vorschlag einer gesonderten Anknüpfung gemacht für das Eheverbot der Scheinehe.[70] Darunter versteht man gewöhnlich Ehen, die nur zur Herbeiführung gewisser Nebenwirkungen der Ehe bzw. zur Erlangung bestimmter daran geknüpfter Vorteile geschlossen werden, während die Nupturienten eine eheliche Lebensgemeinschaft nicht aufnehmen wollen.[71] Kollisionsrechtlich wird nun gefolgert: Eine Simulation könne das Gesetz erst aussprechen, nachdem es zuvor die Ehe definiert und ihre rechtlichen Wirkungen festgestellt habe; daher sei die Frage der Simulation nicht den Heimatrechten der beiden Nupturienten, sondern dem Ehewirkungsstatut zu unterstellen. In der italienischen Literatur wird eine Anknüpfung an das Ehewirkungsstatut für den Fall der Eheunwirksamkeit wegen Impotenz eines Partners empfohlen.[72] Man könnte daran denken, in ähnlicher Weise die lex causae auf sämtliche anderen Eheverbote und Ehehindernisse zu erweitern mit der Begründung, sie alle seien bestimmt durch das Eheverständnis des Gesetzgebers.[73] Dann könnte man auch die mit den Eheverbo-

69 Fadlallah, Nr. 52; la Pradelle, S. 226.

70 Fadlallah, Nrn. 11ff, 16; zustimmend Batiffol / Lagarde, DIP, Band 2, Nr. 415, S. 43.

71 BayOLG, Urteil v. 04. 02. 1982, StAZ 1982, 304; Urteil v. 02. 04. 1982, StAZ 1982, 306; Urteil v. 20. 11. 1985, StAZ 1985, 70.

72 Diena, S. 157.

ten verbundene Sanktion und die Folgen für die Partner dem Ehewirkungsstatut unterstellen. Die Anwendbarkeit des Ehewirkungsstatuts könnte noch eine andere Überlegung stützen, nämlich der Vergleich mit anderen nichtigen Rechtsgeschäften. Nichtige Verträge unterliegen in Voraussetzungen und Rechtsfolgen (z. B. Rückabwicklung, faktisches Arbeitsverhältnis) dem Vertragsstatut.[74]

In der Schweiz wurde vor der Einführung des neuen 44 IPRG das Scheidungsstatut analog angewandt.[75]

Einer einheitlichen Unterwerfung der fehlerhaften Ehe vom Vorliegen eines Ehehindernisses bis zu den personen- und vermögensrechtlichen Folgen unter das Ehewirkungsstatut steht jedoch das positive Recht entgegen. Während im Vertragsrecht die Gültigkeitsvoraussetzungen und die Vertragswirkungen regelmäßig demselben Recht unterliegen (Artt. 31, 32 I Nr. 5 EGBGB), werden im Eherecht Eheschließung und Ehewirkungen unterschiedlich angeknüpft.[76] Art. 13 EGBGB bestimmt, nach welchem Recht sich die Voraussetzungen der wirksamen Ehe richten, das bedeutet – negativ formuliert – das Nichtvorliegen von Ehehindernissen. Die Frage, ob ein Eheverbot vorliegt, muß also de lege lata dem Heimatrecht der Ehegatten unterstellt bleiben. Eine einheitliche Anknüpfung der fehlerhaften Ehe an das Ehewirkungsstatut ist auf der Grundlage des deutschen Kollisionsrechts nicht möglich.

Fraglich kann nur sein, wie weit die Anknüpfung des Art. 13 EGBGB reicht und ob es empfehlenswert ist, die von Art. 13 EGBGB nicht notwendig erfaßten Fragen der Eheunwirksamkeit einem anderen Recht zu unterstellen.

III. Aufteilung der Fragen der fehlerhaften Ehe unter mehrere Anknüpfungspunkte

Art. 13 I EGBGB regelt die materiellen Voraussetzungen der Ehe, Artt. 13 III, 11 EGBGB ihre formellen Voraussetzungen. Diese Anknüpfung hat nur dann eigenständige Bedeutung, wenn diese Voraussetzungen als Gültigkeitsvoraussetzungen verstanden werden, das von Artt. 11, 13 EGBGB berufene Recht also auch bestimmt, ob die Ehe bei Fehlen einer Ehevoraussetzung gültig oder ungültig geschlossen ist. In dieser Feststellung erschöpft sich jedoch die notwendige Aussage der Artt. 11, 13 EGBGB. Alle weiteren Fragen betreffend die Eheunwirksamkeit können einem anderen Recht unterstellt werden.

---

73 Spellenberg, StAZ 1987, 33 (36).

74 MüKo-Martiny, Art. 31 EGBGB, Rn. 16; Art. 32 I Nr. 5 EGBGB.

75 Hegnauer, Rn. 7.47, S. 71.

76 Zu einer ähnlichen Spaltung der Anknüpfung von Voraussetzungen und Wirkungen wie im Eherecht kommt es im Vertragsrecht nur bei Fragen der Geschäftsfähigkeit, Art. 7 EGBGB.

1. Trennung zwischen der Feststellung der Gültigkeit der Ehe und den die Geltendmachung und Folgen der unwirksamen Ehe betreffenden Fragen

Dieses Recht könnte – nachdem das Eheschließungsstatut die Ehe für ungültig erklärt hat – das Recht sein, das die nichteheliche Lebensgemeinschaft beherrscht. Wie bei der nichtehelichen Lebensgemeinschaft, so ist es auch bei der unwirksamen Ehe das faktische Zusammenleben der Partner, das eine rechtliche Regelung verlangt. Von jener unterscheidet sich die unwirksame Ehe jedoch wesentlich dadurch, daß die Partner der unwirksamen Ehe eine Ehe eingehen wollten. Die Überlegungen, die bei der nichtehelichen Lebensgemeinschaft unter dem Gesichtspunkt, daß die Partner die Ehe gerade ablehnten, gegen die Anwendung des Eherechts sprechen könnten,[77] passen im Fall einer unwirksamen Ehe nicht.

In Betracht kommt vielmehr eine Anwendung des Ehewirkungs- oder Scheidungsstatuts. Das Scheidungsstatut wird in Finnland kraft Gesetzes auf die vernichtbare Ehe angewandt. In Finnland erfolgen die Auflösung der Ehe durch Aufhebung oder Scheidung sowie die Aufhebung der ehelichen Gemeinschaft im Grundsatz nach finnischem Recht. Wegen Doppelehe kann eine Ehe jedoch nur aufgehoben werden, wenn dieses Ehehindernis auch nach dem Recht des Staates, dem die Ehegatten zur Zeit der Eheschließung angehört haben, oder, falls sie zu diesem Zeitpunkt verschiedenen Staaten angehörten, nach dem Recht beider Staaten vorliegt. Begehrt ein Ehegatte die Aufhebung aus einem anderen Grund, muß nicht nur nach finnischem Recht, sondern auch nach dem Recht des Staates, dem der Kläger zur Zeit der Eheschließung angehört hat, ein Aufhebungsgrund vorgelegen haben. Dies braucht nicht derselbe Grund zu sein, auf den sich die Klage nach finnischem Recht stützt.[78] Im Ergebnis wird also die Frage, ob eine Ehe aufgehoben werden kann, einem eigenen Recht unterworfen, während die Aufhebung selbst wie die Scheidung angeknüpft wird.

In der Schweiz, wo die Anknüpfung der fehlerhaften Ehe im neuen IPR-Gesetz offengelassen wurde, sollen nach dem Schlußbericht der Expertenkommission und der Botschaft des Bundesrates sowie einem Teil der Lehre auf die Unwirksamkeitsgründe das Eheschließungsstatut (Art. 44 IPRG), auf das Verfahren der Nichtigerklärung aber die Vorschriften über die Scheidung analog angewandt werden.[79]

---

77 Palandt-Diederichsen, Einleitung vor § 1297 BGB, Rn. 9, 13.

78 Bergmann / Ferid, Band II, Finnland, S. 15.

79 Bundesgesetz über das internationale Privatrecht, Schlußbericht der Expertenkommission zum Gesetzentwurf, 1979, S. 102; Botschaft des Bundesrates zum Bundesgesetz über das internationale Privatrecht vom 10. 11. 1982, Rn. 232.1; Heini / Keller / Siehr-Volken, Vor Art. 43 - 45, Rn. 22; Dutoit in Broggini, S. 67; Hegnauer / Breitschmid, Rn. 7.47, S. 69; anders noch Vischer / von Planta, S. 87 zum Entwurf des IPR-Gesetzes, der zwischen der Klage eines Partners und der Klage eines Dritten unterscheidet und auf die Klage Dritter grundsätzlich das Recht anwenden will, das auf die Voraussetzungen der Eheschließung Anwendung gefunden hat.

In Deutschland spricht sich Lüderitz für die Anwendung des Ehewirkungs- und Scheidungsstatuts (Art. 14 I, 17 I EGBGB) aus.[80]

Schließlich könnte man auf die Geltendmachung und Folgen der unwirksamen Ehe das Recht des Staates anwenden, in dem die Ehegatten zur Zeit der Eheschließung ihren gewöhnlichen Aufenthalt hatten, jedenfalls dann, wenn es zugleich auch das Heimatrecht eines der Ehegatten ist. Diese Ansicht vertritt Henrich.[81] Seiner Auffassung nach soll die Frage, ob eine Nichtehe oder eine nichtige Ehe vorliegt, sich nach Art. 13 EGBGB richten. Auf die Nichtigerklärung soll dann aber das Heimatrecht desjenigen Ehegatten anzuwenden sein, in dessen Heimatstaat die Eheleute zur Zeit der Eheschließung ihren gewöhnlichen Aufenthalt hatten oder alsbald nach der Eheschließung genommen haben.[82]

Für die einheitliche Anknüpfung der die Geltendmachung und Folgen der unwirksamen Ehe betreffenden Fragen an ein anderes als das Eheschließungsstatut spricht die rechtliche Bedeutung der Klage auf Vernichtung der Ehe und des daraufhin ergehenden Urteils. Durch die gerichtliche Entscheidung über die Unwirksamkeit der Ehe wird die bis zu diesem Zeitpunkt wirksame vernichtbare Ehe aufgelöst, in ein Abwicklungsverhältnis umgewandelt und nach den gesetzlichen Vorschriften abgewickelt. Wie die Scheidungsklage so ist auch die Vernichtungsklage ein gestaltender Rechtsbehelf,[83] der die Einhaltung eines bestimmten Verfahrens verlangt und durch dieses Verfahren gegenüber der materiellen Rechtslage vor der Klageerhebung eine Verselbständigung erfährt. Im Fall der Scheidung wird dem kollisionsrechtlich dadurch Rechnung getragen, daß es eine besondere Kollisionsnorm für die Scheidung gibt, Art. 17 EGBGB, die das Verfahren der Scheidung und über Verweisungen (Art. 17 III, 18 IV EGBGB) im wesentlichen auch die Folgen der Scheidung beherrscht, während sich die Ehewirkungen möglicherweise nach einem anderen Statut richten. Besonders deutlich war dies unter altem Recht, Art. 17 EGBGB a.F., wo Ehewirkungen und Scheidung unterschiedlichen Anknüpfungskriterien unterlagen, nämlich die Ehewirkungen dem jeweils gemeinsamen Heimatrecht oder (streitig) den Heimatrechten kumulativ und die Scheidung dem Heimatrecht des Mannes (unter späterer gleichberechtigungsfreundlicher Praxis teilweise dem Recht des Klägers). Zwar unterscheiden sich Ehewirkungs- und Scheidungsstatut heute nur noch hinsichtlich des für die Anknüpfung maßgeblichen Zeitpunktes; die Trennung wird jedoch durch die besondere Kollisionsnorm

---

80 Lüderitz, IPR, S. 118.

81 Henrich, IPRax 1993, 236 (237).

82 Aufgrund des Verweises auf die BGH-Rechtsprechung zu Art. 17 EGBGB a.F., die zwischen dem Scheidungsbegehren und den Scheidungsfolgen unterschied, wird nicht ganz klar, ob Henrich das Recht am gewöhnlichen Aufenthalt zur Zeit der Eheschließung auf die gesamte Vernichtungserklärung der Ehe oder nur auf die vermögens- und personenrechtlichen Folgen anwenden will. Die Formulierung „auf die Nichtigerklärung" spricht jedoch für ersteres.

83 Gernhuber / Coester-Waltjen, S. 117, wobei dahinstehen kann, ob es sich bei der Vernichtungsklage um eine Gestaltungsklage (so h.M.) oder eine Feststellungsklage mit Gestaltungswirkung handelt.

deutlich. Wegen der vergleichbaren Wirkung der Vernichtungsklage liegt es nahe, auch hier ein vom Eheschließungsstatut getrenntes Statut einheitlich auf die Unwirksamkeitserklärung und ihre Folgen anzuwenden.

Zu prüfen bliebe dann nur, wie die Nichtehe bzw. die void marriage anzuknüpfen wäre, auf deren Unwirksamkeit sich ohne gerichtliche Geltendmachung jedermann berufen kann. Man könnte daran denken, eine ausländische Nichtehe oder void marriage in eine vernichtbare Ehe umzudeuten, wenn nach der lex fori der Staatsanwalt klagebefugt wäre. Dann stellte sich weiter die Frage, ob Art. 17 II EGBGB analog anzuwenden wäre. Andernfalls müßte es für die Nichtehe bei Art. 13 EGBGB bleiben.

Ist aber eine Aufspaltung des Kollisionsrechts der fehlerhaften Ehe dergestalt, daß das Eheschließungsstatut die Ehehindernisse und ihre Auswirkungen auf die Gültigkeit der Ehe regelt und eine andere Anknüpfung auf die Geltendmachung der Unwirksamkeit, Klagebefugnis, Klageausschlußgründe und Unwirksamkeitsfolgen Anwendung findet, möglich und sachgerecht?

Keine Schwierigkeiten bereitet diese Anknüpfung, wenn der Ehe ein Ehehindernis entgegensteht, das sowohl nach dem Eheschließungsstatut als auch nach dem für die Anknüpfung der Geltendmachung und Folgen der unwirksamen Ehe in Betracht kommenden Statut zur Ungültigkeit der Ehe führen würde. Dann stellt das Eheschließungsstatut fest, daß die Ehe nicht wirksam geschlossen ist, das andere Recht sagt, ob eine Geltendmachung erforderlich ist etc.

Fraglich ist nur, wie zu verfahren ist, wenn das Eheschließungsstatut die Ehe wegen eines Ehehindernisses für unwirksam erklärt, das dem Statut, das für die Geltendmachung und Folgen der unwirksamen Ehe maßgebend sein soll, nicht bekannt ist oder nach diesem Recht die Wirksamkeit der Ehe nicht berührt hätte. In diesem Fall bietet dieses Recht auf den ersten Blick keine Handhabe. Beläßt man es dabei, so bestimmt dieses Recht im Ergebnis über die Gültigkeit der Ehe. Das widerspricht der gespaltenen Anknüpfung.

Versucht man dagegen, das für die Anknüpfung der Geltendmachung und Folgen der unwirksamen Ehe in Betracht kommende Statut anzuwenden, so stößt man auf Schwierigkeiten, weil – anders als bei der Scheidung – einige Länder verschiedene Verfahren der Vernichtung der Ehe kennen und sich die Frage stellt, welches maßgebend sein soll.

Eine Lösung bietet möglicherweise folgende Überlegung: Die verschiedenen Möglichkeiten der Geltendmachung der Eheunwirksamkeit, die Verjährung, die Klagebefugnis und die Nichtigkeitsfolgen hängen in ihrer Ausgestaltung nicht vom Vorliegen eines bestimmten Eheverbotes ab. Entscheidend für die Ausgestaltung des Ehevernichtungsverfahrens und seiner Folgen ist vielmehr nur die Frage, ob ein Eheverbot vorliegt, das dem Schutz eines Ehegatten dient, oder ein solches, das im Interesse der Allgemeinheit besteht. Man könnte daher das Eheschließungsstatut danach befragen, ob das von ihm aufgestellte Ehehindernis im Interesse eines Ehegatten oder der Allgemeinheit besteht. Für das Ehevernichtungsverfahren und seine Folgen gilt dann die Regelung, die dieses Recht für Ehehindernisse dieser Art vorsieht.

Diese Lösung ist möglich, sie führt jedoch zu einer Vergröberung der Anknüpfung: Der Schutzzweck der Ehehindernisse ist zwar für die Unterscheidung verschiedener Verfahren bzw. die Ausgestaltung der Klagebefugnis ein weitverbreitetes Kriterium. Die Differenzierung nach diesem Kriterium läßt sich jedoch keineswegs verallgemeinern. Insbesondere im spanischen Recht wird die Unterscheidung nach absoluter und relativer Nichtigkeit nicht durchgehalten.[84] Die Ausgestaltung der Verfahren im Detail läßt sich damit nicht erfassen, die zahlreichen Nuancen werden nivelliert.

Eine Aufspaltung der Anknüpfung in dieser Form ist jedenfalls nur sachgerecht, wenn sie nicht dazu führt, daß materiell-rechtlich und kollisionsrechtlich zusammengehörende Fragen auseinandergerissen werden.

Problematisch ist insofern die Tatsache, daß bei der in Rede stehenden Anknüpfung die Heilung eines Ehehindernisses auf der einen Seite und der Ausschluß der Geltendmachung der Unwirksamkeit etwa infolge Verjährung oder Rechtsmißbrauchs auf der anderen Seite unterschiedlichen Rechten unterstellt werden. Bei der Anknüpfung der Scheidung stellt sich dieses Problem insofern nicht, als dort sämtliche mit der Scheidung zusammenhängenden Fragen, insbesondere auch das Vorliegen von Scheidungsgründen, an Art. 17 EGBGB geknüpft werden, eine Lösung, die sich bei der fehlerhaften Ehe wegen Art. 13 EGBGB verbietet. Hier würde die Heilung dem Eheschließungsstatut unterliegen, die Klageausschlußgründe würden von dem auf die Vernichtbarkeit anwendbaren Recht erfaßt. Beide haben jedoch eine vergleichbare Funktion. Das Ziel, in einem bestimmten Fall zu verhindern, daß eine Ehe vernichtet wird, kann eine Rechtsordnung entweder dadurch verfolgen, daß sie eine Heilung des Ehefehlers vorsieht oder daß sie für den bestimmten Fall die Geltendmachung der Unwirksamkeit versagt. Oft läßt sich der Formulierung einer Vorschrift kaum entnehmen, ob die Rechtsordnung sie als Heilungsnorm oder als Klageausschlußgrund versteht.[85] Während die Einordnung im materiellen Recht im Ergebnis keinen Unterschied macht, bekäme sie im Rahmen der in Rede stehenden Anknüpfung große Bedeutung. Im deutschen Recht wird die Unheilbarkeit der Doppelehe dadurch abgemildert, daß die Rechtsprechung in gewissen Fällen einer Klage den Einwand unzulässiger Rechtsausübung entgegenhält.[86] Sieht nun ein Recht die Heilung des Eheverbots vor, ist aber nur auf die Klageausschlußgründe anwendbar, während das andere Recht den Ausschluß der

[84] Dazu oben S. 35.

[85] Nach der Generalklausel des englischen Rechts „darf das Gericht die Ehe nicht für ungültig erklären", M.C.A. 1973, s. 13 (1); nach französischem Recht ist „la demande en nullité plus recevable", „l'action ne peut plus être intentée", die Literatur spricht von „fins de non recevoir" (Einrede der Unzulässigkeit der Klage) und gleichzeitig von „validation" (Heilung), vgl. Carbonnier, Band 2, Nr. 197, S. 294; der spanische cc spricht von „caducidad" (art. 76 II, 75), die Literatur von „prescribilidad" (Garcia Cantero, Rn. 547).

[86] Nachweise vgl. oben Fußnote 77.

Klage annimmt, aber nur bezüglich der Heilung befragt wird, so ist die Ehe vernichtbar, obwohl beide Rechte für sich genommen sie für wirksam gehalten hätten. Ein zufriedenstellendes Ergebnis könnte nur im Wege der Anpassung erreicht werden, auf die jedoch nur im äußersten Notfall zurückgegriffen werden sollte.

Wegen der erwähnten Unbilligkeiten ist eine gespaltene Anknüpfung der fehlerhaften Ehe, bei der nur die Frage der Ehegültigkeit dem Eheschließungsstatut unterliegt, abzulehnen.

Diese Lösung steht in Einklang mit der herrschenden Meinung zur Frage der Kompetenzabgrenzung zwischen Art. 7 EGBGB und Artt. 27f EGBGB. Art. 7 EGBGB unterstellt die Geschäftsfähigkeit einer Person ihrem Heimatrecht. Artt. 27f EGBGB regeln das auf einen Vertrag anwendbare Recht. Während ein Teil der Lehre bei der Anknüpfung eines von einem Geschäftsunfähigen geschlossenen Vertrages nur die Prüfung der Geschäftsfähigkeit gemäß Art. 7 EGBGB anknüpft,[87] bestimmt Art. 7 EGBGB nach herrschender Ansicht auch, wie sich das Fehlen der Geschäftsfähigkeit auf den Bestand des Vertrages auswirkt, ob dieser nichtig, schwebend unwirksam oder anfechtbar ist.[88]

2. Trennung zwischen der Unwirksamkeit der Ehe und ihrer Geltendmachung einerseits und ihren vermögens- und personenrechtlichen Folgen andererseits

Man könnte schließlich die Anknüpfung der fehlerhaften Ehe derart aufspalten, daß man die Unwirksamkeit und ihre Geltendmachung einschließlich der Klagebefugnis dem Eheschließungsstatut unterstellt und für die personenrechtlichen und vermögensrechtlichen Folgen ein anderes Recht wählt.

Ansätze dazu finden sich in der Rechtsprechung zu Art. 17 EGBGB a.F., im deutschen Schrifttum und im ausländischen Kollisionsrecht.

Der BGH beurteilte in seiner Rechtsprechung zu Art. 17 EGBGB a.F. das Scheidungsbegehren eines jeden Ehegatten nach seinem Heimatrecht, ließ aber über die Scheidungsfolgen das deutsche Recht entscheiden, auch wenn nur der ausländische Ehegatte die Scheidung beantragt hatte.[89]

Im deutschen Schrifttum wird die Anknüpfung der Folgen der unwirksamen Ehe an ein anderes als das Recht, welches auf die Eheunwirksamkeit selbst anwendbar ist, seit langem in bezug auf die Frage der ehelichen Abstammung von Kindern

---

87 MüKo-Birk, Art. 7 EGBGB, Rn. 14; Reithmann / Martiny-Hausmann, S. 979, Rn. 1112.

88 Von Bar, IPR II, Rn. 43; Staudinger-Beitzke, Art. 7 EGBGB, Rn. 47; Palandt-Heldrich, Art. 7 EGBGB, Rn. 5; Kegel, S. 402.

89 BGH, Beschluß v. 08. 06. 1983, IPRax 1983, 239 in Fortführung seiner früheren Rechtsprechung, Beschluß v. 07. 11. 1979, FamRZ 1980, 29; auf diese Rechtsprechung weist auch Henrich hin, vgl. Henrich, IPRax 1993, 236 (237).

aus einer unwirksamen Ehe diskutiert.[90] Einige Autoren haben jedoch auch den Vorschlag gemacht, die Folgen der unwirksamen Ehe für die Partner untereinander an ein eigenes Recht anzuknüpfen.

Bereits Zitelmann befürwortete die Anknüpfung der unterschiedlichen Wirkungen der unwirksamen Ehe jeweils an das Statut, das diese Wirkung im Falle einer wirksamen Ehe beherrschte.[91] In seiner Dissertation aus dem Jahre 1935 schloß sich Plaut dieser Lösung an.[92] Zwar meinte er, durch die Betrachtung der Anknüpfung der fehlerhaften Ehe von den Folgen aus eine ganz andere Blickrichtung einzunehmen als sein Vorgänger. Tatsächlich stimmt seine Lösung, die regelmäßig die Kernfrage eines Rechtsstreits darstellende Folge an das jeweilige Wirkungsstatut anzuknüpfen und dann die Wirksamkeit der Ehe als Vorfrage zu prüfen, mit der Überlegung überein, die Eheunwirksamkeit und ihre Folgen verschiedenen Rechten zu unterstellen.

Kuthning schlug in seiner Dissertation aus dem Jahre 1948 vor, die vermögens- und personenrechtlichen Folgen der unwirksamen Ehe für die Partner an das Ehewirkungsstatut zu knüpfen, wenn die Ehe nach dem Eheschließungsstatut bis zum Zeitpunkt des vernichtenden Urteils gültig war oder zumindest ihre Gültigkeit in einigen Punkten fingiert wird.[93]

Im ausländischen Kollisionsrecht finden sich entsprechende Überlegungen.

Im französischen Recht wird in der Lehre die Anknüpfung an ein eigenes Recht für die Putativehe erwogen. Teilweise wird das Heimatrecht des gutgläubigen Partners genannt.[94] Nach anderer Auffassung soll mit Rücksicht auf die naturrechtliche Herkunft der Putativehe das jeweils günstigere der beiden Heimatrechte der Ehegatten, d. h. das Recht mit den stärkeren Folgen, anwendbar sein.[95] Schließlich wird vertreten, die Putativehe sei an das Ehewirkungsstatut zu knüpfen.[96]

In der englischen Literatur wird vertreten, die Folgen der Vernichtung der Ehe richteten sich nach der lex fori. Der Ausspruch der Unwirksamkeit der Ehe sei ein Akt staatlicher Souveränität, so daß dessen Folgen sich nur nach dem innerstaatlichen Recht des Staates richten könnten, der diesen Ausspruch vornehme.[97]

In Österreich, wo die Anknüpfung an das Eheschließungsstatut in Art. 17 I IPR-Gesetz ausdrücklich geregelt ist, vertrat Schwind, beschränkt auf den Fall der Aufhebung, die Auffassung, die Folgen seien analog den Folgen der Scheidung anzuknüpfen.[98]

90 Staudinger-Henrich, Art. 18, Rn. 40, m.w.N..

91 Zitelmann, Band 2, S. 751f; im Grundsatz auch Frankenstein, S. 217f.

92 Plaut, S. 52 - 56.

93 Kuthning, S. 118.

94 Bartin, § 291 S. 212; Savatier, JCP 50 II 5578.

95 Francescakis, Rev. crit. de dip 1956, 306.

96 Francescakis, Rev. crit. de dip 1956, 312.

97 Cheshire & North, S. 654.

In der Schweiz befürwortete Chappuis vor dem Inkrafttreten des neuen IPR-Gesetzes die Anknüpfung der vermögensrechtlichen Folgen der unwirksamen Ehe entsprechend den Kollisionsnormen über die Folgen der Scheidung und begründete dieses Ergebnis mit der Anwendbarkeit des Art. 134 II ZGB a.F. (heute 134 III ZGB) auch im internationalen Bereich.[99]

Fraglich ist, welches Recht bei einer kollisionsrechtlichen Spaltung zwischen der Eheunwirksamkeit selbst und ihren Folgen auf die Folgen anzuwenden ist.

a) Anknüpfung der Folgen an die lex fori

Man könnte die Folgen der unwirksamen Ehe mit Rücksicht auf die Souveränität des die Unwirksamkeit aussprechenden Staates an die lex fori anknüpfen. Anders als bei der Eheschließung, bei der in Deutschland der Standesbeamte als Vertreter des Staates nur deklaratorisch die von den Partnern durch übereinstimmende Erklärung geschlossene Ehe bestätigt, löst das Gericht durch seine Erklärung erst die Ehe auf. Einer solchen richterlichen Gestaltung die Bedeutung beizumessen, daß damit auch die Folgen in dem Sinne bestimmt sein sollen, daß das Recht am Gerichtsort Anwendung findet, ist jedoch unserer Rechtsordnung fremd. Ausdruck dafür ist die Tatsache, daß bei der Scheidung der Ehe, obwohl deren vermögensrechtliche Folgen zum Teil im Verbund vom Scheidungsrichter mitentschieden werden, nicht die lex fori, sondern das Scheidungsstatut auf diese Folgen anwendbar ist.

b) Anknüpfung der Folgen an das Heimatrecht des gutgläubigen Partners

In Betracht kommt eine Anknüpfung an das Heimatrecht des gutgläubigen Partners, wie im französischen Recht vorgeschlagen wird. Die Vertreter dieser Theorie im französischen Recht berufen sich auf die Bedeutung des guten Glaubens im materiellen Eherecht.[100] Eine nichtige Ehe kann nach französischem Recht nur dann rechtliche Folgen für die Partner haben, wenn zumindest einer von ihnen im Zeitpunkt der Eheschließung gutgläubig in bezug auf das Ehehindernis war (Putativehe).[101] Zwar hat der gute Glaube auch im deutschen materiellen Eherecht Bedeutung für die Folgen der unwirksamen Ehe. Der gutgläubige Partner kann die Verweisung auf das Scheidungsfolgenrecht ausschließen. Der gute Glaube ist jedoch hier nicht Voraussetzung für die Folgewirkungen, sozusagen Bindeglied zwischen rückwirkender Nichtigkeit und Folgen der wirksamen Ehe, sondern Grundlage für

---

98 Schwind, Handbuch, S. 172f.

99 Chappuis, S. 10a.

100 Bartin, § 291, S. 212; Savatier, JCP 50 II 5578.

101 Vgl. oben S. 40ff.

einen Ausschluß der Folgen. Er hat eher Einwendungscharakter. Diese völlig andere Bedeutung des guten Glaubens im deutschen Recht spricht dagegen, die Gutgläubigkeit als Anknüpfungskriterium zu wählen. Dazu kommt die Kritik, die auch im französischen Recht dieser Ansicht entgegengehalten wird: sie versagt, wenn beide Partner gutgläubig oder beide bösgläubig sind.[102]

c) Anknüpfung der Folgen an das günstigere Recht

Die Anknüpfung an das jeweils günstigere der Heimatrechte der Ehegatten unter dem Gesichtspunkt des ordre public[103] ist ebenfalls abzulehnen.

Allerdings könnte dafür die Tendenz der neueren französischen Rechtsprechung sprechen. In zwei neueren Urteilen wird das Bestreben, die Putativehe möglichst zu begünstigen, besonders deutlich:

Im Jahre 1980 hatte die Cour de Versailles in der Rechtssache *Kaspar* über das Vorliegen einer Putativehe zu entscheiden.[104] Der Amerikaner Henry Kaspar war mit der Jugoslawin Milena Prélevic die Ehe eingegangen zu einer Zeit, als Kaspar noch mit einer anderen Frau verheiratet war. Später erhob Kaspar Nichtigkeitsklage, gestützt auf art. 147 des französischen code civil; Frau Prélevic machte geltend, es liege eine Putativehe vor.

Das Gericht stellte ausdrücklich fest, die Frage, ob eine Putativehe vorliege, unterliege dem Recht, das die Nichtigkeit ausspreche. Dies hätte entweder das amerikanische Recht als Heimatrecht des Kaspar oder das jugoslawische Recht (bzw. die entsprechende Teilrechtsordnung) als Heimatrecht der Frau Prélevic sein müssen. Beiden Rechten ist die Putativehe unbekannt. Das Gericht argumentierte dagegen folgendermaßen: Kaspar habe seine Nichtigkeitsklage ausdrücklich auf das französische Recht gestützt. Dann müsse er sich daran festhalten lassen und auch die Folgen der Nichtigkeit nach französischem Recht gelten lassen, ohne sich auf eines der Heimatrechte berufen zu können. Diese Entscheidung wurde von der Cour de Cassation bestätigt, ohne daß dort jedoch die Frage des anwendbaren Rechts noch einmal aufgeworfen worden wäre.

In einem anderen Fall, der der Cour de Cassation am 02. 10. 1984 zur Entscheidung vorlag, hatte das erstinstanzliche Gericht über das Vorliegen einer Putativehe zwischen einem Amerikaner und einer Französin zu entscheiden.[105] Der Amerikaner war bereits verheiratet gewesen. Er hatte sich zwar von seiner ersten Frau

---

102 Mestre, Jurisclasseur de droit international, Fasc. 546 – C, n. 55; la Pradelle, S. 226.

103 Der Gedanke, den o.p. oder das Naturrecht zur Grundlage der Anknüpfung zu machen, wird insbesondere von Francescakis im französischen Recht vertreten: Francescakis, Rev. crit. de dip 1956, 306ff.

104 Cour d'appel de Versailles 3 juillet 1978 et Cass. civ. 15 janvier 1980, Clunet 1980, 316 - 323, note Ph. Kahn.

105 Cass. civ. 2 octobre 1984, Clunet 1985, 495 - 499, note Audit, insbesondere S. 505.

scheiden lassen, diese Scheidung aber war nach dem anwendbaren amerikanischen Recht unwirksam. Das Gericht stellte unter Bezugnahme auf die Rechtsprechung *Moreau* fest, die Putativwirkung unterliege dem Recht, das die Nichtigkeit ausspreche. Obwohl die Doppelehe sowohl nach französischem als auch nach amerikanischem Recht nichtig ist und hier die Anwendung des amerikanischen Rechts nahegelegen hätte, folgerte das Gericht weiter, dies sei hier das französische Recht als Heimatrecht der Frau. Eine Begründung fehlt.

Der Gedanke des ordre public négatif – nur dieser kommt in Betracht – trägt nicht die Anknüpfung. Er greift vielmehr erst ein, wenn die logisch vorrangige Anknüpfung nach der vorgesehenen Kollisionsnorm im Einzelfall zu einem untragbaren Ergebnis führt.

d) Anknüpfung der Folgen an das Recht des gemeinsamen gewöhnlichen Aufenthalts der Ehegatten im Zeitpunkt der Eheschließung

Man könnte den Gedanken Henrichs[106] aufgreifen und das Recht am Ort des gemeinsamen gewöhnlichen Aufenthalts im Zeitpunkt der Eheschließung anwenden. Diese Anknüpfung ist unwandelbar. Das ist für die von Henrich vorgeschlagene Anknüpfung insofern vorteilhaft, als die Ausgestaltung der Geltendmachung der Unwirksamkeit der Ehe auf den Status der Partner einwirkt und somit die Rechtssicherheit wichtig ist. Geht es jedoch wie im vorliegenden Zusammenhang nur um die Anknüpfung der Folgen einer unwirksamen Ehe, so tritt dieser Gesichtspunkt zurück. Die Tendenz des Gesetzgebers ist auch in bezug auf die Folgen der wirksamen Ehe mit der Einführung der Rechtswahlmöglichkeiten im Recht der Ehewirkungen (Art. 14 III EGBGB) und im Güterrecht eher auf mehr Flexibilität gerichtet.

e) Anknüpfung der Folgen an Artt. 14, 17 EGBGB

In Betracht kommt ferner die Anknüpfung aller Folgen der unwirksamen Ehe an das Statut, das die allgemeinen Ehewirkungen beherrscht, Art. 14 EGBGB, oder das Scheidungsstatut, Art. 17 EGBGB.

Art. 17 EGBGB beruft für die Scheidung das Recht, das im Zeitpunkt der Rechtshängigkeit des Scheidungsantrags für die allgemeinen Wirkungen der Ehe gilt. Übertragen auf die vernichtbare Ehe wäre das das Recht, das im Zeitpunkt der Rechtshängigkeit des Nichtigkeits- oder Aufhebungsantrags gelten würde. Bei der ohne gerichtliche Geltendmachung unwirksamen Nichtehe müßte man auf den Zeitpunkt abstellen, in dem Ansprüche aus der Nichtehe geltend gemacht werden.

---

106 Vgl. oben S. 68.

Wendet man Art. 14 EGBGB an, gilt für die Folgen der Aufhebung das Recht, das im Zeitpunkt der Aufhebung gilt, wobei man insoweit wohl auf den Antrag abstellen müßte. Fraglich wäre dagegen, auf welchen Zeitpunkt im Falle einer Nichtigerklärung ex tunc abzustellen wäre. Gemäß Art. 14 EGBGB käme der Zeitpunkt der Nichtigerklärung oder der Zeitpunkt der Eheschließung in Betracht.

Gegen diese Lösung spricht, daß eine solche Anknüpfung in bezug auf den Unterhalt und den Güterstand nicht sachgerecht ist. Für den Unterhalt im Falle einer fehlerhaften Ehe beansprucht Art. 18 IV EGBGB Geltung. Der Güterstand, der sich bei der wirksamen Ehe vor der Nichtigerklärung nach Art. 15 EGBGB richtet, würde vom Zeitpunkt der Vernichtung an einem anderen Statut unterstellt. Dadurch würde der Grundsatz der Unwandelbarkeit des Güterrechtsstatuts, der es den Ehegatten ermöglicht, ihre güterrechtlichen Verhältnisse vorherzusehen, gerade im Fall der Auflösung der Ehe, bei der dem Güterstand besondere Bedeutung zukommt, durchbrochen.

f) Anknüpfung der Folgen an Artt. 14, 15, 18 I, 10 EGBGB

Man könnte die einzelnen Folgen der fehlerhaften Ehe jeweils an das Recht anknüpfen, das im Falle einer wirksamen Ehe auf diese Folgen anzuwenden wäre, Artt. 14, 15, 18 I, 10 EGBGB.

Eine solche Anknüpfung überzeugt für die Frage nach den vermögens- und personenrechtlichen Wirkungen einer vernichtbaren Ehe vor der Nichtigerklärung oder Aufhebung, da die vernichtbare Ehe bis dahin auch im Sachrecht wie eine wirksame Ehe behandelt wird. Dagegen berücksichtigt eine Anknüpfung aller Folgen der fehlerhaften Ehe an dieses Statut nicht, daß das Vernichtungsurteil wie ein Scheidungsurteil eine Zäsur bildet und die Rechtslage umgestaltet. Die §§ 26, 37 EheG verweisen für die Folgen der fehlerhaften Ehe auf das Scheidungsrecht, und die einzige ausdrückliche kollisionsrechtliche Regelung der Nichtigkeitsfolgen, Art. 18 IV EGBGB, unterstellt den Unterhalt im Falle einer für unwirksam erklärten Ehe gerade nicht dem Art. 18 I EGBGB, der bei der wirksamen Ehe gilt, sondern regelt ihn eigens, im Zusammenhang mit dem Scheidungsfolgenrecht.

D. Die hier vertretene gespaltene Anknüpfung

Möglicherweise lassen sich die bei der Anknüpfung der fehlerhaften Ehe aufgetretenen Probleme zufriedenstellend lösen, wenn man im Rahmen einer gespaltenen Anknüpfung auf die vermögens- und personenrechtlichen Folgen der unwirksamen Ehe bis zur Entscheidung über die Unwirksamkeit der Ehe die Artt. 14, 15, 18 I, 10 EGBGB anwendet und ab dem Zeitpunkt der gerichtlichen Entscheidung wie im Falle der Scheidung an Artt. 17, 15, 18 IV, 10 EGBGB anknüpft. Gesondert zu betrachten bliebe dann die Frage, wie die vermögens- und personenrechtlichen Folgen im Fall der von vornherein unwirksamen Nichtehe oder void marriage anzuknüpfen wären.

I. Vorzüge dieser Anknüpfung

Diese Lösung überträgt die Systematik und die Grundgedanken der Eheunwirksamkeit im deutschen materiellen Recht auf die kollisionsrechtliche Ebene.

Sie hat gegenüber der Lösung der Rechtsprechung den Nachteil, daß bei der Anknüpfung der fehlerhaften Ehe zwei oder mehrere Rechte in jedem Fall befragt werden müssen. Auf diese Weise stellt sie jedoch eine Parallele zur Anknüpfung der wirksamen Ehe dar und trägt insbesondere in Hinblick auf den Güterstand den Interessen der Parteien, ihre Beziehungen nach dem Recht abzuwickeln, nach dem sie gelebt haben, Rechnung. Durch die Gleichstellung der Wirkungen der Vernichtungserklärung mit denen der Scheidung berücksichtigt sie, daß die Institute der Scheidung und der Unwirksamkeit eng zusammenhängen und sich vielfach überlagern.[107]

Wie oben festgestellt, ist die rückwirkende Unwirksamkeit sozusagen aus dem Scheidungsverbot der katholischen Kirche entstanden. Länder, die die Scheidung nicht kennen (das sind heute nur noch Irland, Columbien und die Philippinen)[108] gleichen dies durch eine weite Zulassung der Vernichtung der Ehe aus.[109] Mit der Verbreitung der Scheidung hat nicht zufällig die Ehenichtigkeit an Bedeutung verloren.[110] Manche Gründe, die in einem Land die Scheidung herbeiführen, begründen in einem anderen die Unwirksamkeit der Ehe. So ist es nicht überraschend, daß viele materielle Rechte, wie oben gezeigt, für die Regelung der Nichtigkeitsfolgen auf das Scheidungsrecht verweisen. Die französische Cour de cassation hat diese Tendenz zuletzt noch durch die analoge Anwendung des art. 270 cc unterstrichen.[111]

Die Parallele von Scheidung und Unwirksamkeit der Ehe hat dazu geführt, daß das Recht der Eheunwirksamkeit in der Schweiz bis 1990 teilweise kollisionsrechtlich ganz dem Scheidungsstatut unterstellt wurde.[112] Diese Lösung entspricht, wie gezeigt,[113] nicht dem positiven deutschen Kollisionsrecht; sie gibt jedoch Anlaß,

107 Carbonnier, Band 2, Nr. 195, S. 292; Rescigno, Band 2, S. 672; Hegnauer / Breitschmid, Rn. 7.46, S. 69; Meroni, S. 179; Pousson-Petit, S. 54.

108 Vgl. Garcia Cantero, Rn. 537.

109 Raape, IPR, S. 284; Chappuis, S. 19 a.

110 Carbonnier, Band 2, Nr. 202, S. 301.

111 Cass. civ. 1re, 23 octobre 1990, JCP 1991 II 21774 (Leitsatz).

112 Nachweise s. Fußnote 75.

113 Dazu oben S. 66.

über eine Anknüpfung der Folgen der unwirksamen Ehe an das hier vorgeschlagene Folgenstatut nachzudenken.

Dies gilt umso mehr, als die Folgen der Eheauflösung ihren Grund eher in der Ausgestaltung der wirksamen Ehe als in dem jeweiligen Eheschließungsmangel finden. Wie oben dargestellt,[114] ist eine Abhängigkeit zwischen den Eheunwirksamkeitsgründen und den Nichtigkeitsfolgen nicht zu erkennen. Vielmehr entspricht die Regelung der Folgen der nichtigen Ehe im materiellen Recht häufig den Scheidungsfolgen.

Ferner hat das hier vorgeschlagene Folgenstatut den Vorteil, daß das von Artt. 14, 17 EGBGB berufene Recht regelmäßig einen engen Bezug zum Lebensmittelpunkt der Ehegatten hat. Während das jeweilige Heimatrecht der Ehegatten eines sein kann, das mit der Ehe der Partner selbst kaum Berührungspunkte hat,[115] garantiert die Anknüpfung nur an die gemeinsame Staatsangehörigkeit, hilfsweise den gemeinsamen gewöhnlichen Aufenthalt oder das Recht des Staates, mit dem die Ehegatten sonst am engsten verbunden sind, ein Recht, das tatsächlich das Leben der Parteien bestimmt.

Das Eheschließungsstatut ist absolut unwandelbar, mehr noch als das Güterrechtsstatut mit seinen Rechtswahlmöglichkeiten. Demgegenüber ist die Tendenz des IPR-Gesetzes mit der Einführung eben dieser Rechtswahlmöglichkeiten im Güterrecht und in Art. 14 III EGBGB eher auf mehr Flexibilität gerichtet. Welche Bedeutung diesem letzten Gesichtspunkt zukommt, zeigt die bereits zitierte Bemerkung des Oberlandesgerichts Düsseldorf im Anschluß an die Anknüpfung an das Heimatrecht des verletzten Ehegatten: „Für die Anwendung des deutschen Rechts spricht hier auch, daß die Parteien die Ehe in Deutschland geführt haben und inzwischen beide auch die deutsche Staatsangehörigkeit besitzen.[116]

Desweiteren hat die Anknüpfung der Folgen einer ungültigen Ehe an das hier vorgeschlagene Folgenstatut einen anderen ganz entscheidenden Vorteil. Sie löst die Frage, welche Folgen die unwirksame Ehe hat, von der Frage, ob sie an einem formellen oder materiellen Fehler leidet. Knüpft man wie die Rechtsprechung Ehevoraussetzungen und Folgen an dasselbe Recht und unterscheidet bei der Anknüpfung der Ehevoraussetzungen aber zwischen formellen und materiellen Voraussetzungen, so führt das dazu, daß je nachdem, ob eine Ehe an formellen oder materiellen Fehlern leidet, unterschiedliche Rechte auf die Folgen anwendbar sind.[117] Für eine solche Unterscheidung enthält jedoch das materielle Recht keine Anhaltspunkte.[118]

---

114 Dazu oben S. 63.

115 Beispiel: Staatsangehörigkeitswechsel im Zusammenhang mit der Übersiedelung in die Bundesrepublik Deutschland.

116 OLG Düsseldorf, Urteil v. 27. 01. 1992, FamRZ 1992, 815 (816).

117 Papisca, S. 302.

118 In Lateinamerika gibt es Bestrebungen, die Unterschiede zwischen formellen und sachlichen Ehevoraussetzungen zu verringern, Gallardo, S. 50.

Dieser Lösung steht auch die Vorschrift des Art. 18 IV EGBGB nicht entgegen, die das OLG Düsseldorf und ein Teil der Literatur zur Stützung der einheitlichen Anknüpfung an Art. 13 EGBGB herangezogen haben[119] mit dem Argument, der Gesetzgeber ziele für die Frage des Ehegattenunterhalts auf einen Gleichlauf in der Anknüpfung von Nichtigerklärung und Ungültigkeitsfolge hin.

Zunächst ist schon zweifelhaft, ob man der gesetzgeberischen Entscheidung in Art. 18 IV EGBGB überhaupt Indizwirkung für die übrigen Folgen der unwirksamen Ehe beilegen kann. Die Vorschrift stellt lediglich eine auf einem internationalen Übereinkommen beruhende Spezialregelung für den Unterhalt dar.[120]

Aber selbst wenn man wegen des bestehenden Zusammenhangs den Unterhalt und die übrigen vermögensrechtlichen Folgen nach denselben Grundsätzen anknüpfen möchte, steht Art. 18 IV EGBGB dem bei genauerer Betrachtung nicht entgegen. Der komplizierten Struktur und Formulierung des Art. 18 IV EGBGB läßt sich nämlich eine zweite Aussage entnehmen. Art. 18 IV 2 EGBGB regelt die Anknüpfung des Unterhalts im Falle einer ungültigen Ehe in Anlehnung an die Anknüpfung des Unterhalts bei Scheidung und stellt damit – beschränkt auf den Unterhalt – kollisionsrechtlich Unwirksamkeit und Scheidung gleich. Dieser Anknüpfungstechnik könnte man also auch die Aussage entnehmen, daß Unwirksamkeits- und Scheidungsfolgen nach gleichen Grundsätzen angeknüpft werden sollen. Dann enthält Art. 18 IV EGBGB zwei Aussagen, nämlich die Aussage, daß der Ehegattenunterhalt bei nichtiger Ehe dem Recht unterliegt, das tatsächlich die Nichtigkeit ausgesprochen hat, und die Aussage, daß die Unterhaltsfolge bei der Ehenichtigkeit wie bei der Scheidung anzuknüpfen ist. Da die Ehenichtigkeit nach einem anderen Recht angeknüpft wird als die Scheidungsfolgen, widersprechen sich diese Aussagen.

Berücksichtigt man, daß der Gleichlauf des Scheidungsfolgenrechts mit dem Scheidungsrecht seinen Grund darin hat, daß zum Beispiel das deutsche Verfahrensrecht sämtliche Fragen der Scheidung im Scheidungsverbund sieht und daß es im Gegensatz dazu einen Nichtigkeitsverbund nicht gibt, so spricht alles dafür, Art. 18 IV nicht als Hindernis für eine gespaltene Anknüpfung von Eheunwirksamkeit und ihren Folgen zu sehen.

Dieses Ergebnis wird dadurch bekräftigt, daß andere Rechtsordnungen das Haager Unterhaltsabkommen ratifiziert haben, das den Anspruch erhebt, unmittelbar anwendbares Recht zu sein, und dennoch eine gespaltene Anknüpfung erwägen.[121]

So verstanden vermag Art. 18 IV EGBGB vielmehr die Anknüpfung der Folgen, wie sie hier vorgeschlagen wird, zu stützen: Die Sonderregelung des Art. 18 IV

---

119 OLG Düsseldorf, Urteil v. 27. 01. 1992, FamRZ 1992, 815 (816); Vitta, S. 219.

120 Als Begründung dafür könnte ein Zitat aus dem Rapport Verwilghen dienen, das Art. 8 HUA betrifft: „Il se présente ab initio comme une règle exceptionnelle dérogeant aux dispositions précédentes", S. 447.

121 So zum Beispiel das französische Recht.

EGBGB greift nur ein bei der für nichtig oder als ungültig erklärten Ehe, also nach der Vernichtung. Vorher werden die Folgen der vernichtbaren Ehe wie bei der wirksamen Ehe nach Art. 18 I EGBGB angeknüpft.

II. Besonderheiten bei der Nichtehe bzw. void marriage

Fraglich bleibt, wie die Folgen im Fall der Nichtehe oder der void marriage anzuknüpfen sind. Ein Anknüpfung an Artt. 14, 15, 18 I, 10 EGBGB kommt hier nicht in Betracht, da die Nichtehe oder void marriage zu keinem Zeitpunkt wie eine wirksame Ehe angesehen wird. Auch entfällt die gestaltende Erklärung, die bei der vernichtbaren Ehe die Anwendung der Kollisionsregeln für die Scheidungsfolgen begründet.

Man könnte daher daran denken, im Fall der Nichtehe oder void marriage die Folgen einheitlich an Art. 13 EGBGB zu knüpfen.

Dagegen spricht jedoch, daß auch hier im materiellen Recht die Folgen, sofern sie vorgesehen sind, weitgehend über das Instrument der Putativehe oder, in England, als Folge einer „Nichtigerklärung" den im Fall der Scheidung eintretenden Folgen angenähert sind. Eine Anknüpfung an Art. 13 EGBGB hätte, wenn auch beschränkt auf die Fälle der Nichtehe oder void marriage, die bereits kritisierte[122] zufällige Einordnung der Putativehe zur Folge. Im übrigen würde die Putativehe unterschiedlich angeknüpft je nachdem, ob eine vernichtbare oder eine void marriage vorliegt, ohne daß für eine solche Differenzierung Anlaß besteht.

Somit sind auf die vermögensrechtlichen und personenrechtlichen Folgen – wie bei den vernichtbaren Ehen ab dem Zeitpunkt der gerichtlichen Entscheidung über die Unwirksamkeit der Ehe – die Artt. 17, 15, 18 IV, 10 EGBGB anzuwenden mit der Besonderheit, daß für die Anknüpfung an Art. 17 EGBGB bei void marriages nach englischem Recht der Zeitpunkt der „Nichtigerklärung" maßgeblich ist und im übrigen der Zeitpunkt, in dem die Nichtehe geltend gemacht wird.

Für dieses Ergebnis spricht schließlich, daß Art. 18 IV EGBGB auch die Nichtehe erfaßt.[123]

Es empfiehlt sich also eine gespaltene Anknüpfung der fehlerhaften Ehe dergestalt, daß die Voraussetzungen und die Geltendmachung der Unwirksamkeit der Ehe an das Eheschließungsstatut und die personen- und vermögensrechtlichen Folgen bei der vernichtbaren Ehe vor der gerichtlichen Entscheidung über die Unwirksamkeit wie im Fall der wirksamen Ehe (Artt. 14, 15, 18 I, 10 EGBGB), im übrigen wie im Fall der Scheidung (Artt. 17, 15, 18 IV, 10 EGBGB) angeknüpft werden.

---

122 Dazu oben S. 65.

123 Vgl. oben Fußnote 2.

III. Die Anknüpfung im einzelnen

Nachdem die Vorzüge dieser gespaltenen Anknüpfung erkennbar geworden sind, stellt sich die Frage, wie sie im einzelnen auszusehen hat. Es ist zu untersuchen, welche Fragen betreffend die unwirksame Ehe in den sicheren Anwendungsbereich des Eheschließungsstatuts fallen, wo genau die Grenze zwischen Eheschließungsstatut und Folgenstatut zu ziehen ist und wie die Anknüpfung der Wirkungen einer unwirksamen Ehe an das Folgenstatut dogmatisch durchzuführen ist.

1. Der sichere Anwendungsbereich des Eheschließungsstatuts

Das von den Artt. 13 I, III, 11 EGBGB berufene Recht beherrscht die Fragen, ob die Unwirksamkeit einer Ehe geltend gemacht werden muß oder von selbst eintritt, ob sie zurückwirkt oder nur für die Zukunft eintritt, ob ein Ehemangel geheilt oder die Klage aus anderen Gründen ausgeschlossen ist und wer zur Erhebung der Eheungültigkeitsklage berechtigt ist. Sind danach mehrere Rechtsordnungen anwendbar, so findet in bezug auf das Vorliegen und die Heilung eines Ehemangels sowie die Klageberechtigung für jeden Ehegatten sein Heimatrecht Anwendung.

Die in einigen Rechten vorgesehene Klageberechtigung des Staatsanwalts hängt eng zusammen mit der Art des Ehemangels. Sie dient dazu, in den Fällen absoluter, die öffentliche Ordnung tangierender Ehehindernisse dem öffentlichen Interesse Geltung zu verschaffen. Damit erfüllt sie ähnliche Zwecke wie die in manchen Rechten enthaltene Klageberechtigung jeder interessierten Person und ist wie diese Teil des Eheschließungsstatuts und unterliegt nicht der lex fori.[124] Diese Lösung verletzt, solange sie nur ein Recht des Staatsanwalts begründet, auch nicht die Souveränität des Staates, dessen Staatsanwalt tätig wird. Der Staatsanwalt ist an die ihm vom Staat aufgegebenen Verhaltens- und Treueregeln gebunden und wird sich daran halten. Dagegen könnte die staatliche Souveränität verletzt werden, wenn ein Recht unter bestimmten Voraussetzungen die Klagepflicht des Staatsanwalts statuiert. Auch in diesem Fall richtet sich die Frage, ob der Staatsanwalt einschreiten muß, zunächst nach dem verletzten Recht und nicht nach der lex fori. Da der Staatsanwalt jedoch aus Gründen der staatlichen Souveränität nur den Pflichten unterworfen ist, die seine eigene Rechtsordnung aufstellt, ist es zusätzlich erforderlich, daß das Recht des Forumstaates die Klagepflicht des Staatsanwaltes im gegebenen Fall bejaht. Eine Verpflichtung des Staatsanwaltes zur Erhebung der Unwirksamkeitsklage ist folglich nur anzunehmen, wenn das vom Eheschließungsstatut berufene Recht und das Recht des Forumstaates die Klagepflicht vorsehen.

Auf die Frage der Sanktion ist von mehreren konkurrierenden Rechten im Falle eines materiellen Ehehindernisses das strengere anwendbar. Im Falle eines formel-

124 MüKo-Schwimann, Art. 14 EGBGB, Rn. 79; Soergel-Kegel, Art. 13 EGBGB, Rn. 93.

len Ehehindernisses sollte man stets das mildere Recht anwenden, ohne das Ortsrecht zu bevorzugen. Nur diese Lösung ist die konsequente Fortführung der in Art. 11 EGBGB vorgesehenen alternativen Anknüpfung.[125] Gibt es kein strengeres bzw. milderes Recht, so gilt die von beiden Rechten gleichermaßen vorgesehene materielle Lösung, ohne daß es darauf ankäme, welches Recht kollisionsrechtlich anwendbar wäre.

Kann man insoweit von dem sicheren Anwendungsbereich der Artt. 13 I, III, 11 EGBGB sprechen, so ist nun zu untersuchen, wo genau die Grenze zum Folgenstatut verläuft.

2. Präzisierung der Grenzziehung zwischen Eheschließungsstatut und Folgenstatut

Die Lösung scheint auf den ersten Blick einfach: Das Eheschließungsstatut regelt die Unwirksamkeit der Ehe und ihre Geltendmachung, das Folgenstatut die personen- und vermögensrechtlichen Folgen zwischen den Partnern.

Daß es jedoch ganz so einfach nicht ist, zeigt ein Blick auf die romanischen Rechtsordnungen und einige andere Rechte, die nur die rückwirkende Nichtigkeit der Ehe kennen. Eine unwirksame Ehe kann in diesen Rechten nur dann rechtliche Wirkungen für die Partner haben, wenn es sich um eine Putativehe handelt.

Um die kollisionsrechtliche Einordnung der Putativehe besteht eine lebhafte Diskussion, die vor allem bei der hier angesprochenen gespaltenen Anknüpfung Bedeutung erlangt. Dabei stellt sich inbesondere die Frage, ob die Putativehe als ganzes einem Statut unterworfen werden soll oder ob innerhalb der Putativehe eine kollisionsrechtliche Trennung von Voraussetzungen und Wirkungen vorteilhaft wäre.

Betrachtet man schließlich die Rechtsordnungen, die keine Putativehe kennen, vor dem Hintergrund dieser Problematik in den kanonisch beeinflußten Rechten, so erkennt man, daß auch hier eine Präzisierung der Grenzziehung zwischen Eheschließungssstatut und Folgenstatut erforderlich ist. Zwar ist die Problematik hier verdeckt. Es handelt sich jedoch im Grunde um dieselbe Abgrenzung, wenn man sich zum Beispiel fragt, ob es sachgerecht ist, wenn in dem Fall, in dem eine Ehe nach dem Eheschließungsstatut eine Nichtehe ohne jegliche rechtliche Folgen ist, das Folgenstatut dieser Nichtehe Wirkungen verleihen kann. Das wäre der Fall, unterstellte man die Wirkungen der ungültigen Ehe ohne Differenzierung dem Folgenstatut. Dagegen kommt man zu einem anderen Ergebnis, wenn man parallel zu den Voraussetzungen und Wirkungen der Putativehe zwischen dem „Ob“ und der tatsächlichen Ausgestaltung der Ehewirkungen unterscheidet.

---

125 Von Bar, IPR II, Rn. 167.

Die Diskussion um die Einordnung der Putativehe weckt somit das Gespür für eine Problematik, die sich vergleichbar auch in anderen Rechtsordnungen stellt, wenn man die Anknüpfung der unwirksamen Ehe zwischen Eheschließungsstatut und Folgenstatut aufspaltet: die Frage der genauen Grenzziehung zwischen beiden. Zur Beantwortung dieser Frage können daher die Diskussionsbeiträge betreffend die Putativehe herangezogen werden, soweit sie sich auf ihre Einordnung im Rahmen einer gespaltenen Anknüpfung beziehen.

a) Die Einordnung der Putativehe im Rahmen der gespaltenen Anknüpfung

Stellungnahmen zur Anknüpfung der Putativehe finden sich in der Rechtsprechung und Literatur vieler romanischer Rechtsordnungen, ohne daß dabei auf das jeweilige eigene Recht bezogene Besonderheiten zu beachten wären. Unter Berücksichtigung der Rechtsprechung und Literatur in Frankreich, Italien und Spanien lassen sich folgende Lösungsansätze herausarbeiten:

aa) Anknüpfung der Putativehe an das Ehewirkungsstatut

Nach einer gelegentlich als „pluralistisch" bezeichneten Theorie wird die Putativehe insgesamt dem auf die jeweilige in Frage stehende Ehewirkung anwendbaren Recht unterstellt. Das Eheschließungsstatut kommt nicht zur Anwendung. Diese Lehre ist vorallem in der italienischen Literatur vorherrschend.[126]

bb) Trennung von Voraussetzungen und Wirkungen der Putativehe ohne Anknüpfung an das Eheschließungsstatut

Eine andere Auffassung stimmt überein hinsichtlich der Nichtanwendbarkeit des Eheschließungsstatuts, unterscheidet jedoch zwischen den Voraussetzungen und den einzelnen Wirkungen der Putativehe dergestalt, daß letztere dem jeweiligen Ehewirkungsstatut unterstellt werden, während erstere einem einheitlichen Recht unterliegen sollen. Dafür werden vorgeschlagen das Recht am ehelichen Domizil oder am gewöhnlichen Aufenthaltsort des Paares.[127]

---

126 Papisca, S. 307; Ballarino, S. 730f; Diena, S. 156; unklar Cian-Trabucchi, art. VII – 7.

127 Boulanger, Droit civil, Rn. 208.

cc) Anknüpfung der Voraussetzungen an das Eheschließungsstatut und der Wirkungen an das jeweilige Wirkungsstatut

Nach einer dritten Auffassung sind die Voraussetzungen der Putativehe dem Eheschließungsstatut zu entnehmen, während ihre Folgen sich nach dem jeweiligen Ehewirkungsstatut richten. Das bedeutet, daß das Folgenstatut über die Ausgestaltung der Folgen in dem Fall bestimmt, in dem das Eheschließungsstatut entschieden hat, daß die unwirksame Ehe Folgen haben soll.[128] Dieser dritten Ansicht hat sich zuletzt auch die französische Rechtsprechung angeschlossen, indem sie die traditionelle Anknüpfung der Ehenichtigkeit an das Eheschließungsstatut dahingehend präzisiert hat, daß die Ausgestaltung der Putativwirkung dem Ehewirkungsstatut unterliegen soll: Noch in der Rechtssache *Moreau* vom 6. März 1956[129] hatte die Cour de cassation letztinstanzlich entschieden, die Putativehe mildere lediglich die Folgen der Nichtigkeit und unterstehe daher wie diese Rechte dem Recht, das die Nichtigkeit ausspreche. Trotz anfänglicher Zweifel an der Bedeutung dieser Entscheidung als Grundsatz- oder Einzelfallentscheidung[130] war dieses Urteil in der Folgezeit von der Rechtsprechung der Cour de cassation und anderer Gerichte bestätigt worden. Als die Cour de cassation dann in der Entscheidung *Hassain* vom 20. November 1958[131] und erneut in einem Urteil vom 15. Januar 1980[132], beide das Güterrecht betreffend, zu einer gespaltenen Anknüpfung der Eheunwirksamkeit überging, tat sie es so, daß die Frage, ob die rückwirkende Nichtigkeit durch die Putativehe ausgeglichen wird, sich nach dem Eheschließungsstatut richtete, während die konkreten Wirkungen der Putativehe dem Recht der Ehewirkungen unterstellt wurden.

dd) Stellungnahme

Im folgenden ist zu untersuchen, inwieweit die vorgeschlagenen Anknüpfungen der Problematik gerecht werden.

Die „pluralistische" Theorie unterstellt die Putativehe in ihrer Gesamtheit dem jeweiligen Folgenstatut. Das bedeutet, daß die Frage, ob eine Putativehe vorliegt, für verschiedene Wirkungen gegebenenfalls unterschiedlich angeknüpft und möglicherweise verschieden beantwortet wird. Es gibt danach nicht „die" Putativehe, sondern nur „die Putativehe in bezug auf eine bestimmte Wirkung". Diese Lösung wäre sachgerecht, wenn die Putativehe lediglich eine Voraussetzung für die jewei-

128 Niboyet, Rn. 1591; Balladore-Pallieri in Cicu / Messineo, S. 213, Nr. 68.

129 Arrêt *Moreau*, Cass. civ. 1re, 6 mars 1956, D. 1958.709.

130 Für die Bedeutung als Grundsatzentscheidung Batiffol, Recueil Dalloz 1958, 710; für die Bedeutung als Einzelfallentscheidung Francescakis, Rev. crit. de dip 1956, 307; la Pradelle, S. 230.

131 Arrêt *Hassain*, 20 novembre 1958, Clunet 1959, 1146.

132 Cass. civ. 15 janvier 1980, Clunet 1980, 316, 2e espèce.

lige Wirkung wäre. So als wenn man z. B. für die Unterhaltszahlung bei unwirksamer Ehe eine bestimmte Dauer des Zusammenlebens verlangte oder für den Güterausgleich einen Ehevertrag.

Die Ausgestaltung der Putativehe im materiellen Recht zeigt jedoch, daß dies nicht so ist. Die Putativwirkung knüpft an den guten Glauben des Partners an. Ist ein Partner gutgläubig in bezug auf den Eheschließungsmangel, so soll er so gestellt werden, als sei die Ehe wirksam geschlossen worden. Damit soll ihm eine bestimmte Position, ein Status, verliehen werden: der Status als Putativehegatte im Gegensatz zum Partner einer unwirksamen Ehe. Ein solcher Status ist ein Lebensverhältnis, das der Person anhaftet, und daher wie der gute Glaube nicht teilbar.[133] Schließlich hat die Putativehe auch eine soziale Bedeutung: Durch die Feststellung des guten Glaubens und die Anerkennung als Putativehe wird die Ehrenhaftigkeit des gutgläubigen Partners unterstrichen.[134] Auch diese Funktion ist nicht teilbar.

Diesen Vorwürfen entgeht die zweite Ansicht, nach der die einzelnen Wirkungen der Putativehe ebenfalls dem jeweiligen Ehewirkungsstatut unterstellt, die Frage, ob eine Putativehe vorliegt, jedoch an ein einheitliches Recht angeknüpft werden soll. Diese Lösung hat jedoch den Nachteil, daß sie die Frage der Unwirksamkeit der Ehe und ihrer Folgen im Ergebnis unter drei verschiedene Anknüpfungen aufspaltet und folglich kompliziert ist.

Im übrigen stellt sich die Frage, ob die beiden Lösungen zugrundeliegende Idee, das Eheschließungsstatut bei der Anknüpfung der Putativehe auszuschalten, richtig ist.

Die Loslösung der Putativehe vom Eheschließungsstatut hat den Vorteil, daß die bereits oben[135] angesprochenen Anknüpfungsschwierigkeiten im Falle einer Konkurrenz mehrerer von Artt. 11, 13 EGBGB berufenen Rechte vermieden werden. Während dieses Argument bei der Entscheidung für eine gespaltene Anknüpfung wesentlich war, kommt ihm jedoch im Rahmen der gespaltenen Anknüpfung eine weitaus geringere Bedeutung zu: Wenn die Ausgestaltung der Wirkungen ohnehin dem Wirkungsstatut unterstellt wird, bleibt für das Eheschließungsstatut nur die Frage, ob bestimmte Wirkungen eintreten. Diese Frage läßt sich nach dem strengeren Recht, im Falle gleicher Rechtslage nach dem von den betroffenen Rechten genannten materiellen Ergebnis positiv oder negativ beantworten.

Dagegen verkennt diese Lösung den Zusammenhang, der zwischen dem Ausspruch der Nichtigkeit und der Frage der Putativwirkung besteht: Die Putativehe dient dem Ausgleich für die rückwirkende Nichtigkeit. Würde man in einem Fall, in dem das Eheschließungsstatut rückwirkende Nichtigkeit mit der Möglichkeit der Anerkennung als Putativehe ausspricht, die Frage der Putativehe einem anderen Recht unterstellen, das seinerseits nur die Nichtigkeit ex nunc vorsieht und

133 Gornati di Ciuceis, Riv. di dir. int. priv. e proc. 1985, S. 523.

134 Gornati di Ciuceis, a. a. O., S. 515, Fn. 24.

135 Vgl. oben 3. Kapitel A II 2.

folglich keine Putativehe kennt, so wäre die Ehe unwirksam und entfaltete keine rechtlichen Wirkungen zwischen den Parteien, obwohl beide Rechte für sich genommen der unwirksamen Ehe Wirkungen zugesprochen hätten. Umgekehrt könnte das Wirkungsstatut einer Ehe Putativwirkung beilegen, die nach dem Eheschließungsstatut eine Nichtehe und als solche nicht der Putativwirkung fähig gewesen wäre.

Die Kompetenz des Eheschließungsstatuts, über den Charakter einer Ehe als Nichtehe oder nichtige Ehe zu entscheiden, hätte also nur Bedeutung für die Frage, ob die Unwirksamkeit der Ehe geltend gemacht werden muß. Daß einige Rechte, wie z. B. das deutsche Recht die Bedeutung der Nichtehe nicht nur darin sehen, daß sie nicht gerichtlich festgestellt zu werden braucht, sondern daß sie überhaupt nicht existent ist und folglich keine Wirkungen haben kann, würde nicht berücksichtigt. Die Anknüpfung an Artt. 11, 13 EGBGB würde ausgehöhlt.

Die kollisionsrechtliche Trennung von Ehenichtigkeit und Putativehe in ihrer Gesamtheit führt folglich zu unbefriedigenden Ergebnissen. Eine Lösung ist oft nur über eine Anpassung oder den Rückgriff auf den ordre public möglich. Dieser Weg aber sollte nur ausnahmsweise beschritten werden, so daß diese Ansichten abzulehnen sind.

Die richtige Anknüpfung ist folglich in einer Aufteilung der Putativehe unter das Eheschließungsstatut und das Folgenstatut zu finden. Dies ist der Weg, den Niboyet und ihm folgend die französische Rechtsprechung beschritten haben.

b) Versuch einer Lösung des Problems über die Putativehe hinaus

Zu untersuchen ist, inwiefern sich die vorstehende Problematik aus der Beschränkung auf die Putativehe lösen und umfassender für die Frage der Anknüpfung der Wirkungen einer ungültigen Ehe fruchtbar machen läßt.

aa) Lösung Gornati di Ciuceis

Einen Vorschlag dafür hat Gornati di Ciuceis gemacht.[136] Sie unterscheidet zwischen der Individualisierung / Spezifizierung der Wirkungen der unwirksamen Ehe (l'individuazione degli effetti residui del matrimonio invalido) und der konkreten Ausgestaltung der Folgen (la disciplina degli effetti residui del matrimonio invalido).

Das Eheschließungsstatut beherrsche nicht nur die Frage, ob überhaupt eine Putativwirkung der Ehe zu bejahen sei. Es bestimme vielmehr auch, welche einzelnen

136 Gornati di Ciuceis, a. a. O., S. 507 - 528.

Folgen eintreten (z. B. Unterhalt, Versorgungsausgleich). Die konkrete Ausgestaltung (z. B. die Berechnung des Unterhalts) obliege dem jeweiligen Wirkungsstatut. Da dieses freilich nur Vorschriften über die Ausgestaltung von Wirkungen hat, die es selber kennt, bestimmt sich die Frage, welche Wirkungen eintreten, im Ergebnis aus einer Differenz der Wirkungen, die das Eheschließungsstatut erlaubt und derjenigen, die das Wirkungsstatut nicht kennt. Die beiden Rechte werden auf die Frage, welche Wirkungen eintreten, also praktisch kumulativ befragt. Sieht zum Beispiel das eine Recht sowohl einen Unterhaltsanspruch als auch einen Versorgungsausgleich vor, das andere nur einen Unterhaltsanspruch, so kann nur Unterhalt zugesprochen werden. Eine Korrektur soll gegebenenfalls über den ordre public international durch die Anwendung der lex fori erfolgen können dergestalt, daß Folgen, die mit dem Eherecht des Forumstaates nicht zu vereinbaren sind, entfallen, umgekehrt aber solche Folgen, die nach der lex fori unverzichtbar sind, nach dem Recht des Forumstaates zugesprochen werden können.[137]

bb) Stellungnahme und eigener Lösungsvorschlag

Ob dieser Lösung zu folgen ist, richtet sich nach der Beantwortung der Frage, wie weit die Kompetenz des Eheschließungsstatuts reichen soll. Soll es sich darauf beschränken müssen zu sagen, ob eine Ehe überhaupt irgendwelche Wirkungen haben soll, oder soll sein Anwendungsbereich sich auch darauf erstrecken, welche Wirkungen konkret eintreten sollen, wie es von Gornati di Ciuceis ausdrücklich vorgeschlagen wird?

Zur Verdeutlichung der Fragestellung seien zwei Beispiele gebracht.

In einem ersten Fall sei deutsches Recht anwendbar auf die Frage, ob eine Ehe wirksam ist. Die Ehe sei eine Nichtehe, die nach deutschem Recht überhaupt keine Folgen hat.

In einem zweiten Fall sei englisches Recht anwendbar auf die Frage ob eine Ehe wirksam ist. Die Ehe sei eine Nichtehe, die nach englischem Recht grundsätzlich keine Wirkungen für die Partner hat, unter gewissen Voraussetzungen jedoch zu einem güterrechtlichen Ausgleich führen kann und zur Ehelichkeit der Kinder führt.

In beiden Fällen möchte der Richter einem der Partner einen Unterhaltsanspruch nach dem Folgenstatut zusprechen.

Nimmt man mit Gornati di Ciuceis an, das Eheschließungsstatut bestimme, welche konkreten Folgen die unwirksame Ehe hat, so kommt man in keinem der beiden Fälle zu einem Unterhaltsanspruch. In keinem der Fälle nämlich sieht das Eheschließungsstatut unterhaltsrechtliche Wirkungen vor.

137 Gornati di Ciuceis, a. a. O., S. 525.

Die Anknüpfung Gornati di Ciuceis führt zu einer sehr restriktiven Praxis der Annahme von Folgen unwirksamer Ehen im internationalen Bereich. Eine Ehewirkung ist danach nur anzunehmen, wenn das Eheschließungssstatut sie anordnet und das Folgenstatut, dem die Ausgestaltung obliegt, sie kennt. Zudem setzt sich im Falle materieller Ehehindernisse bei gemischt-nationalen Ehen bereits das strengere von mehreren Rechten durch. Diese Anknüpfung berücksichtigt kaum den allen Rechtsordnungen gemeinsamen Gedanken, das Vertrauen der Ehegatten in eine wirksame Eheschließung möglichst zu schützen. Dieser aber ist erkennbar in der Rechtsprechung verschiedener europäischer Staaten. Mag die Anknüpfung auch unterschiedlich sein, so fällt doch auf, daß die Urteile mit wenigen Ausnahmen in den internationalprivatrechtlichen Fällen zu dem Ergebnis kommen, daß die unwirksame Ehe eine Putativehe ist bzw. die in Frage stehende Wirkung hat.

Das wird ganz besonders deutlich in der Rechtsprechung der Länder, die die Putativehe kennen. Die Urteile der Cour de Versailles von 1980 (Rechtssache *Kaspar*) und der Cour de Cassation von 1984 wurden bereits zitiert.[138] Auch die wenigen deutschen Urteile zu den Folgen der unwirksamen Ehe bejahen im Ergebnis deren Vorliegen.

Diesem Gedanken trägt die Anknüpfung Gornati die Ciuceis in der oben dargestellten Form zu wenig Rechnung. Auch die Bemühung des ordre public in Extremfällen führt nicht zu einer angemessenen Lösung. Man könnte allerdings erwägen, die Strenge der Anknüpfung zu mildern, indem man die Individualisierung der Ehewirkungen im Rahmen von Art. 13 EGBGB auch bei materiellen Ehehindernissen nicht an das strengere, sondern an das mildere der zur Anwendung berufenen Heimatrechte anknüpft. Dieser Vorschlag ist für die gespaltene Anknüpfung im allgemeinen im französischen Schrifttum gemacht worden.[139] Ihm liegt der Gedanke zugrunde, daß die Putativehe Ausdruck der Gerechtigkeit und des Naturrechts ist und sich daher auch im internationalen Recht durchsetzen muß. Zwar steht diese Anknüpfung im Gegensatz zur kumulativen Anknüpfung der materiellen Ehevoraussetzungen der wirksamen Ehe in Art. 13 EGBGB. Dieser Gegensatz ließe sich jedoch damit rechtfertigen, daß die kumulative Anknüpfung der materiellen Ehevoraussetzungen lediglich der Verhinderung hinkender Ehen dient, ohne die Folgen der unwirksamen Ehe für die Partner einschränken zu wollen. Gegen die Anknüpfung der Putativehe an das ihr günstigere Recht sprechen jedoch die unbefriedigenden Ergebnisse: Eine Eheschließung, die nur Vorschriften eines Rechts verletzt, das die Putativehe nicht kennt, bleibt ohne Rechtfolgen. Verletzt dieselbe Eheschließung aber zusätzlich Vorschriften einer anderen Rechtsordnung, die die Putativehe vorsieht, so hat die Ehe als Putativehe bestimmte vermögens- und personenrechtliche Wirkungen.[140]

138 Dazu oben Fußnoten 104, 105.

139 Batiffol, DIP, Rn. 429, S. 479, note 47; Weill, JCP 1956 II 9549.

140 Bischoff, Dalloz Droit International II, S. 285 (301).

Eine Anknüpfung der Frage, ob eine unwirksame Ehe Rechtsfolgen für die Partner hat, an das günstigere der Heimatrechte der Partner kommt folglich nicht in Betracht.

Schließlich spricht gegen den Vorschlag Gornati di Ciuceis, daß sie bei der Anknüpfung der Frage, welche Wirkungen die ungültige Ehe hat, an das Eheschließungsstatut auf ähnliche Schwierigkeiten stößt wie die deutsche Rechtsprechung. Während sich in bezug auf die Frage, ob eine Ehe überhaupt Putativwirkung haben soll, ohne weiteres das strengere Recht finden läßt, stellt sich vorliegend die Frage, in welcher Hinsicht die Rechte verglichen werden sollen. Vergleicht man die Gesamtheit der Wirkungen, die das eine Recht vorsieht, mit der Gesamtheit der Wirkungen nach dem anderen Recht, so ist das strengere häufig nicht festzustellen. Sieht ein Recht lediglich einen güterrechtlichen Ausgleich vor, das andere dagegen nur den Unterhaltsanspruch, so ist ein Vergleich unmöglich, zumal die Ausgestaltung der jeweiligen Rechte dem Folgenstatut unterliegt. Vergleicht man dagegen jede einzelne Wirkung für sich, so kann dies dazu führen, daß eine Ehe im Ergebnis überhaupt keine Wirkung hat, obwohl ein Recht einen güterrechtlichen Ausgleich, das andere einen Unterhaltsanspruch vorsieht. Dieses Ergebnis ist insbesondere insofern fragwürdig, als verschiedene Rechtsordnungen häufig für dieselben Interessen der Parteien unterschiedliche vermögensrechtliche Ansprüche zur Verfügung stellen.[141] So ist zum Beispiel der Versorgungsausgleich einigen Rechten unbekannt. Sie lösen die Teilhabe an Versorgungsanwartschaften über den Unterhalt oder das Güterrecht.

Somit ist die Frage, welche einzelnen Wirkungen eine unwirksame Ehe hat, vom Folgenstatut zu beantworten.

Dies könnte nun bedeuten, daß das Eheschließungsstatut lediglich bestimmen muß, daß eine unwirksame Ehe überhaupt Folgen hat, damit das Folgenstatut feststellen kann, welche das sind und wie sie ausgestaltet werden. Ob dieses Ergebnis richtig ist, läßt sich anhand der oben aufgeführten Beispiele überprüfen.

Im ersten Fall, in dem die Ehe nach dem Eheschließungssstatut eine Nichtehe ohne jegliche Rechtswirkungen ist, kann das Folgenstatut keine Wirkungen vorsehen. Das ist nach dem bisher Gesagten richtig. Ebenso ergibt sich aus den vorstehenden Erörterungen, daß im zweiten Fall, in dem das Eheschließungsstatut güterrechtliche Wirkungen der Ehe anerkennt, ein Unterhaltsanspruch nach dem Folgenstatut zu bejahen ist. Auch dies ist hier der Fall. Hier stellt sich allerdings die weitere Frage, ob eine funktionelle Gleichwertigkeit der vom Eheschließungsstatut vorgesehenen und vom Folgenstatut beherrschten Wirkungen erforderlich ist oder ob es zum Beispiel ausreicht, wenn das Eheschließungsstatut lediglich eine namensrechtliche Folge vorsieht. Die Lösung ergibt sich aus folgender Überlegung: Das Recht, das die Unwirksamkeit der Ehe ausspricht, soll bestimmen dürfen, ob die Ehe überhaupt Wirkungen einer gültigen Ehe haben kann oder nicht, nicht

[141] Vgl. oben S. 62.

mehr und nicht weniger. Bejaht es etwa in namensrechtlicher Hinsicht die Gleichstellung mit der wirksamen Ehe, so bringt es zum Ausdruck, daß dies der Fall ist. Damit ist der Weg für eine Anerkennung eherechtlicher Wirkungen nach dem Folgenstatut geöffnet. Einer funktionellen Gleichwertigkeit der Folgen bedarf es nicht.

Nimmt ein Recht dagegen lediglich die Ehelichkeit der Kinder aus einer unwirksamen Ehe an, so macht es damit keinerlei Aussagen über die Qualität der Ehe. Die Motivation für eine solche Regelung liegt vielmehr in dem Bemühen, in möglichst vielen Fällen die Kinder zu legitimieren, um ihnen den Status eines nichtehelichen Kindes und die damit verbundene rechtliche oder zumindest gesellschaftliche Diskriminierung zu ersparen (favor legitimationis). In diesem Bestreben wurde in vielen kanonisch geprägten Ländern die Ehelichkeit der Kinder von den Voraussetzungen der Putativehe unabhängig gemacht. Andere Länder kennen eine Nichtehe ohne rechtliche Existenz und bejahen dennoch die Ehelichkeit der aus einer solchen Verbindung hervorgegangenen Kinder. Folglich ist in dem Fall, in dem das Eheschließungsstatut lediglich die Ehelichkeit der Kinder aus einer unwirksamen Ehe vorsieht, die Anwendung des Folgenstatuts nicht möglich.

Diese Lösung stimmt überein mit der Anknüpfung der französischen Rechtsprechung. Diese läßt es genügen, daß das Eheschließungsstatut die Tatsache der Putativwirkung bestimmt. Da das französische Recht die Ehelichkeit der Kinder unabhängig vom guten Glauben ihrer Eltern bejaht, kann aus dem Ausspruch der Ehelichkeit der Kinder nicht auf das Vorliegen der Putativwirkung geschlossen werden.

Im Ergebnis läßt die so gefundene Anknüpfung sich auf zweierlei Weise umschreiben: Das Eheschließungssstatut muß Wirkungen der Ehe zwischen den Partnern vorsehen, damit das Folgenstatut die Wirkungen der ungültigen Ehe beherrschen kann. Oder: Das Eheschließungssstatut muß überhaupt irgendwelche Wirkungen vorsehen, damit das Folgenstatut die Ehewirkungen beherrschen kann, wobei die Ehelichkeit der Kinder nicht als Wirkung der Ehe verstanden wird.

Die genaue Grenzziehung zwischen Eheschließungsstatut und Folgenstatut ist somit gefunden: Das Eheschließungssstatut sagt, ob die Ehe unwirksam ist und ob sie Folgen für die Partner haben kann. Ist das zu bejahen, bestimmt das Folgenstatut, welche Wirkungen die unwirksame Ehe hat und wie diese im einzelnen ausgestaltet sind.

3. Die Anknüpfung der Wirkungen der ungültigen Ehe an das Folgenstatut

Überzeugen kann die bis hierhin theoretisch erarbeitete Aufteilung der Anknüpfung der unwirksamen Ehe unter das Eheschließungsstatut einerseits und das Folgenstatut andererseits nur, wenn sie sich auch bei der praktischen Rechtsanwendung durchhalten läßt.

Zu denken ist dabei an den Fall, daß ein Gericht die Frage zu entscheiden hat, ob eine konkrete Rechtswirkung, etwa ein güterrechtlicher Ausgleich oder ein Unterhaltsanspruch anzunehmen ist. Der Richter sucht die einschlägige Kollisionsnorm, prüft deren Voraussetzungen und folgt der von der Kollisionsnorm ausgesprochenen Verweisung.

Dieses Vorgehen verwirklicht die gespaltene Anknüpfung der unwirksamen Ehe in der hier vertretenen Form, wenn die Artt. 10, 15, 17, 18 EGBGB als einschlägige Kollisionsnormen in all den Fällen angesehen werden können, in denen eine Ehe überhaupt Rechtswirkungen zwischen den Partnern entfaltet, und die Frage nach dem Bestehen einer Ehe sich, soweit sie sich im Rahmen der Anknüpfung an Artt. 10, 15, 17, 18 EGBGB stellt, nach Art. 13 EGBGB richtet.

Einer näheren Erörterung dieser Fragen bedarf es allerdings nicht, wenn man davon ausgeht, daß sie bereits mit der Abspaltung der genannten Rechtsfolgen vom Eheschließungsstatut und ihrer Unterstellung unter das Folgenstatut zwangsläufig im positiven Sinn entschieden worden sind.

Dafür sprechen die für die Abspaltung angeführten Gründe, die auch für die Frage von Bedeutung sind, wie die Wirksamkeit der Ehe anzuknüpfen ist, wenn sie sich nicht als Hauptfrage, sondern im Rahmen der Anknüpfung einer Ehewirkung an das Folgenstatut stellt. Dann wird jedoch im Ergebnis über die Anknüpfung der Ehe als Vorfrage entschieden, ohne daß eine Auseinandersetzung mit solchen Argumenten erfolgt, die – wie etwa Gesichtspunkte der Struktur der Kollisionsnorm – sich ausschließlich im Rahmen der Vorfragenproblematik stellen. Da der Rechtsanwender sich aber mit der Diskussion um die Anknüpfung der Vorfrage und den Begründungen der hierzu vertretenen Auffassungen konfrontiert sieht, erscheint es sinnvoll, die hier vorgeschlagene Grenzziehung zwischen Eheschließungs- und Folgenstatut auch unter seinem Blickwinkel, insbesondere vor dem Hintergrund der Vorfragendiskussion, näher zu überprüfen.

a) Anwendbarkeit der Artt. 10, 15, 17, 18 EGBGB

Die Artt. 10, 15, 17, 18 EGBGB müßten zunächst immer dann angewandt werden können, wenn es um die konkreten Folgen einer Ehe geht, von der feststeht, daß sie überhaupt Rechtswirkungen zwischen den Partnern entfaltet.

Art. 10 EGBGB unterstellt den Namen einer Person dem Recht des Staates, dem die Person angehört. Diese Anknüpfung hängt nicht ab von der Frage, ob eine Ehe vorliegt, da die Ehe nur einer von mehreren Tatbeständen ist, an den die Namensgebung anknüpfen kann. Es handelt sich danach um eine Norm, die jeden Fall der Namensgebung oder – änderung erfaßt und nicht nur den Namen als Rechtswirkung einer Ehe. Aus diesem Grund steht ihre Anwendbarkeit auch im Falle einer echten Nichtehe nicht im Widerspruch zur gespaltenen Anknüpfung der unwirksamen Ehe in dem hier vertretenen Sinn.

Art. 15 EGBGB spricht demgegenüber von den „güterrechtlichen Wirkungen der Ehe", setzt also eine „Ehe" voraus. Dies wird allgemein so verstanden, daß eine bestehende Ehe Anknüpfungsvoraussetzung ist, also eine wirksame Ehe oder eine vernichtbare Ehe, solange sie nicht vernichtet worden ist.[142] Entsprechend wird beim Scheidungsstatut des Art. 17 EGBGB aus dem Begriff der Scheidung auf das Erfordernis des Bestehens der Ehe als Anknüpfungsvoraussetzung geschlossen.[143] Eine Anwendung der Artt. 15, 17 EGBGB darüberhinaus kommt also nur im Wege der Analogie in Betracht.

Eine Analogie setzt eine planwidrige Regelungslücke und eine vergleichbare Sachlage voraus. Eine planwidrige Regelungslücke liegt vor, wenn eine bestimmte, nach dem Gesamtzusammenhang oder dem Regelungsplan des Gesetzes zu erwartende Regel fehlt.[144] Daß für die kollisionsrechtliche Behandlung der Folgen einer unwirksamen Ehe eine Regelung fehlt, ist oben[145] bereits festgestellt worden. Eine entsprechende Regelung war angesichts der erkennbaren Bemühungen, das internationale Familienrecht geschlossen zu regeln, zu erwarten; sie unterblieb nur in der Überlegung, die Rechtsprechung werde die beste Anknüpfung finden.

Eine vergleichbare Sachlage ist anzunehmen, wenn zwar keine wirksame Ehe vorliegt, jedoch eine Situation, an die sich ebenso ein Güterrechtsanspruch oder eine von Art. 17 EGBGB erfaßte Folge der Scheidung knüpfen könnte. Das deutsche Sachrecht verweist auf die Vorschriften über die Folgen der Scheidung in den Fällen der nichtigen und der aufhebbaren Ehe. Nur an die reine Nichtehe, die keinerlei Rechtswirkungen hat, werden keine Folgen für die Partner geknüpft. Dies rechtfertigt es, eine analoge Anwendung der Artt. 15, 17 EGBGB in all den Fällen zu bejahen, in denen eine Eheschließung überhaupt Rechtswirkungen entfaltet.

Art. 18 IV EGBGB schließlich ist seinem Wortlaut nach anwendbar auf die für nichtig oder als ungültig erklärte Ehe. Nach dem Rapport Verwilghen findet die entsprechende Vorschrift des Haager Unterhaltsabkommens, die von Art. 18 IV EGBGB inkorporiert wird, auch im Falle des Vorliegens einer Nichtehe Anwendung.[146] Berücksichtigt man, daß in Belgien wie in Frankreich der Begriff „mariage inexistent" uneinheitlich verwendet wird und daß die Untersuchung der französischen Rechtsprechung zu dem Ergebnis geführt hat, diese verstehe als Nichtehe die Fälle, in denen nicht einmal der Anschein einer Ehe bestehe, obwohl sie in größerem Maße von „mariage inexistant" spricht,[147] so kann auch Art. 18 IV EGBGB dahingehend ausgelegt werden, daß er immer dann anwendbar ist, wenn eine Ehe vorliegt, die irgendwelche Wirkungen für die Partner entfaltet.

---

142 Staudinger-von Bar, Art. 15 EGBGB, Rn. 53.

143 Staudinger-von Bar, Art. 17 EGBGB, Rn. 38, 42; MüKo-von Mohrenfels, Art. 17 EGBGB, Rn. 59.

144 Larenz, S. 375.

145 Vgl. oben S. 47.

146 Rapport Verwilghen S. 449, s. auch Fußnote 4.

147 Vgl. oben 2. Kapitel A I 1.

b) Die Bestimmung der „Ehe" im Rahmen der Anknüpfung an die Artt. 10, 15, 17, 18 EGBGB

Zu prüfen ist, wie das Vorliegen einer „Ehe", über das, wenn es allein in Rede steht, das Eheschließungsstatut entscheidet, bei der Anknüpfung an die Artt. 10, 15, 17, 18 EGBGB zu bestimmen ist.

Das Vorliegen der Ehe könnte „selbständig" nach dem von Art. 13 EGBGB berufenen Recht oder „unselbständig" nach dem gemäß Artt. 10, 15, 17, 18 EGBGB anwendbaren Kollisionsrecht zu bestimmen sein. Unterschiede im Ergebnis bestehen dann, wenn die Anknüpfung an Artt. 10, 15, 17, 18 EGBGB nicht zur Anwendung des deutschen Kollisionsrechts führt und das stattdessen anwendbare IPR ein anderes materielles Recht mit einem anderen materiellen Ergebnis beruft.

Ob ein Bestandteil einer Rechtsnorm selbständig oder unselbständig anzuknüpfen ist, richtet sich nach seiner Bedeutung. Handelt es sich lediglich um eine tatsächliche Voraussetzung der Norm (Teilfrage), so ist unselbständig anzuknüpfen nach dem Recht, das auch die Hauptfrage beherrscht. Eine Ausnahme machen diejenigen Teilfragen, denen eine eigene Kollisionsnorm gewidmet ist, die Form eines Rechtsgeschäfts, Art. 11 EGBGB, oder die Geschäftsfähigkeit, Art. 7 EGBGB. Dagegen ist die Anknüpfung präjudizieller Rechtsverhältnisse im Tatbestand einer Norm, sogenannter Vorfragen, bis heute umstritten.[148] Die Ehe ist ein solches präjudizielles Rechtsverhältnis.

In der Literatur wird neuerdings der Versuch unternommen, das Problem der Anknüpfung der Vorfrage in seiner Bedeutung abzuwerten oder es gar als Scheinproblem darzustellen.

aa) Die Lehre von der Erstfrage

So differenzieren manche Autoren zwischen den Vorfragen im eigentlichen Sinn, die sich im Tatbestand einer Norm des ausländischen Rechts stellen, und den „Erstfragen", die der Tatbestand einer inländischen Kollisionsnorm enthält. Letztere seien aus der allgemeinen Vorfragenproblematik herauszunehmen. Sie seien stets selbständig, d. h. nach den einschlägigen Normen des inländischen IPR anzuknüpfen. Das Bestehen einer Ehe ist eine solche Erstfrage für die Artt. 15, 17, 18 EGBGB und wäre folglich in diesen Fällen bereits aus diesem Grund selbständig anzuknüpfen.[149]

Für die Erstfragentheorie wird angeführt, die Entstehung der Vorfrage sei logisch der Anknüpfung nachgelagert. Erst wenn die Anknüpfung der Hauptfrage er-

---

148 Das Problem der Vorfrage wurde 1932 von Melchior entdeckt und zwei Jahre später von Wengler aufgegriffen, Melchior, Grundlagen, S. 246 - 265; Wengler, RabelsZ 8, 148 - 251.

149 Jochem, FamRZ 1964, 393 Fn. 10.

gebe, daß diese sich nach einem ausländischen Recht richte, könne sich die Frage stellen, wie die Vorfrage anzuknüpfen sei. Dagegen sei die Erstfrage der Anknüpfung vorgelagert. Sie stelle eine Voraussetzung für die Anknüpfung dar. Solange die Erstfrage nicht beantwortet sei, könne die Anknüpfung nicht erfolgen, so daß ein anderes als das eigene Recht für die Beurteilung der Erstfrage gar nicht zur Verfügung stehe.[150]

Die gegen die Erstfragentheorie vorgebrachten Einwände beschränken sich weitgehend auf pauschale Behauptungen ohne Argumentation in der Sache. Eine logische Notwendigkeit für die besondere Behandlung der Erstfrage bestehe nicht.[151] Vielmehr werde durch die begriffliche Absonderung die Klärung des Sachproblems von vornherein abgeschnitten.[152]

Mehr Beachtung verdient dagegen ein kürzlich in die Diskussion eingeführter Gedanke: Die Schwäche der Erstfragenlehre beruhe auf ihrer Formalisierung. Stelle man allein darauf ab, ob eine Frage sich im Tatbestand einer inländischen Kollisionsnorm stelle, so entscheide letztlich die Formulierung der Kollisionsnorm, der „Zustand der Bündelung" darüber, nach welchem Recht ein präjudizielles Rechtsverhältnis zu beurteilen sei.[153] Tatsächlich kann sich zum Beispiel eine Kollisionsnorm der Abstammung darauf beschränken, von der Anknüpfung der Abstammung zu sprechen. Dann taucht die Frage nach dem Bestehen einer Ehe gegebenenfalls im Tatbestand des berufenen Rechts als Vorfrage auf. Oder die Kollisionsnorm spricht von Abstammung infolge einer Ehe. Dann ist das Bestehen der Ehe Erstfrage. Diese Unterscheidung kann jedoch vom Gesetzgeber gewollt sein, so daß eine Anknüpfung daran als Respekt vor dem Willen des Gesetzgebers und nicht als bloßer Formalismus zu werten wäre. Dafür spricht im internationalen Eherecht einiges, wenn man berücksichtigt, daß der Gesetzgeber gerade bei den Kollisionsnormen die Ehe voraussetzt, die unmittelbare Folgen der Ehe regeln, wie den Güterstand und den Unterhalt, dagegen nicht bei Folgen, die die Ehe nicht notwendig voraussetzen, wie beim Namen. Im übrigen ist fraglich, ob die Feststellung des Vorliegens einer Erstfrage sich lediglich aus dem Wortlaut einer Kollisionsnorm oder nicht vielmehr aus einer teleologischen Auslegung ergibt.

Andererseits hat die vom Gesetzgeber vorgenommene Unterscheidung zwischen Kollisionsnormen, deren Anwendbarkeit das Vorliegen einer Ehe voraussetzt, und solchen, die unabhängig vom Vorliegen einer Ehe anwendbar sind, bereits insofern kollisionsrechtliche Bedeutung, als sich danach die Frage richtet, ob die Kollisionsnorm überhaupt zur Anwendung gelangt. Ob die Differenzierung darüberhinaus für die Frage bestimmend sein soll, nach welchem Recht sich das Vorliegen der Ehe richten soll, ist fraglich.

---

150 Jochem, FamRZ 1964, 392 (393); Neuhaus, FamRZ 1965, 541 (543).

151 MüKo-Sonnenberger, Einleitung IPR, Rn. 387.

152 MüKo-Sonnenberger a. a. O..

153 Schurig, Die Struktur des kollisionsrechtlichen Vorfragenproblems, S. 583.

bb) Die materiell-rechtliche Lehre von Winkler von Mohrenfels

Ganz von der kollisionsrechtlichen Problematik der Vorfrage trennen will sich Winkler von Mohrenfels.[154]

Vorbild dafür sind die Rechtsprechung und Literatur insbesondere der Länder des romanischen Rechtskreises, die das Problem der Vorfrage nur am Rande erörtern,[155] aber auch die Erkenntnis, daß sich Schwierigkeiten, die vormals über die Anknüpfung der Vorfrage gelöst wurden, auch bei der Anwendung des internen Rechts stellen können, wo die Vorfragentheorien zur Lösung nicht beitragen.[156]

Winkler von Mohrenfels meint, das Vorfragenproblem lasse sich materiell-rechtlich lösen. Die Vorfrage werde sowohl nach der lex fori als auch nach der lex causae angeknüpft. Führe dies zu einem hinkenden Rechtsverhältnis, so sei es eine Frage der Auslegung der Ausgangsnorm, ob dieses hinkende Rechtsverhältnis ihren Tatbestand erfülle.

Mit diesem Ansatz werden in den Fällen, in denen die Vorfrage sich im Tatbestand einer Vorschrift des ausländischen Rechts stellt, regelmäßig dieselben Ergebnisse erzielt wie bei unselbständiger Anknüpfung. Da sich die Frage nach dem Vorliegen einer Ehe bei der Anknüpfung der vermögensrechtlichen Wirkungen der Ehe jedoch im Rahmen der deutschen Kollisionsnorm stellt, müßte die Auslegung dieser Normen zu einem Ergebnis führen, das der gespaltenen Anknüpfung entspricht.

Da weder die Rechtsprechung noch die überwiegende Lehre diesen Ansichten gefolgt sind und der hier im Vordergrund stehende Zweck der Frage nach der Anknüpfung der Ehe, nämlich die Bestätigung der gespaltenen Anknüpfung, einen breiten Konsens verlangt, kann eine endgültige Auseinandersetzung mit diesen Ansichten unterbleiben.

cc) Die Anknüpfung der Vorfrage

Es kommt vielmehr darauf an, ob im Rahmen der herkömmlichen Vorfragendiskussion eine ausreichende Zahl von Stimmen die selbständige Anknüpfung der Vorfrage nach der „Gültigkeit der Ehe“ bei der Feststellung der Wirkungen für die Partner befürwortet und sich dafür die besseren Argumente finden.

---

154 Winkler von Mohrenfels, RabelsZ 51 (1987) 21 -33.

155 Vgl. die Darstellungen bei Audit, DIP, S. 214, der, ohne das zu nennen, davon ausgeht, daß die selbständige Anknüpfung normal ist und von der unselbständigen Anknüpfung als „la théorie de la question préalable“ spricht.

156 Winkler von Mohrenfels, IPRax 1988, 342.

(1) Streitstand

In der Literatur wird teilweise die unselbständige Anknüpfung der Vorfrage nach dem Bestehen der Ehe befürwortet,[157] wobei allerdings unter den Gesichtspunkten der „materiellen Harmonie"[158] oder des ordre public[159] weitreichende Ausnahmen zugelassen werden. Im Ergebnis bleibt es bei der unselbständigen Anknüpfung der Ehe insbesondere in den Fällen, in denen eine Ehe nach der lex fori eine Nichtehe ist, nach der lex causae aber Wirkungen entfaltet.

Melchior, der ebenfalls vom Grundsatz der unselbständigen Anknüpfung ausgeht, unterscheidet danach, ob die Ehe ein begriffsnotwendiger Bestandteil des die Hauptfrage bildenden Rechtsverhältnisses ist, was er für die persönlichen und güterrechtlichen Wirkungen der Ehe sowie die Scheidung annimmt, oder ob die Hauptfrage, wie bei der Ehelichkeit des Kindes, von der Vorfrage zu trennen ist. Im ersteren Fall knüpft er selbständig an, im letzteren unselbständig.[160]

Nach der Gegenansicht ist die Vorfrage nach dem Bestehen der Ehe selbständig anzuknüpfen.[161] Teilweise werden Ausnahmen angenommen für die Beurteilung der Staatsangehörigkeit und namensrechtliche Fragen.[162]

Schließlich wird vertreten, die Vorfrage sei alternativ anzuknüpfen[163] oder es gebe keine Regel[164]. Man müsse von Fall zu Fall und nach der materiellen Gerechtigkeit entscheiden, wobei insbesondere dem Gesichtspunkt der Ausprägung des Inlandsbezuges eines Falles Bedeutung zukomme.[165]

Die Rechtsprechung folgt im Grundsatz der selbständigen Anknüpfung.[166] In letzter Zeit ist allerdings eine gewisse Zurückhaltung erkennbar. Soweit möglich entscheiden die Gerichte den Einzelfall, ohne grundsätzlich zur Anknüpfung der Vorfrage Stellung zu nehmen.[167]

So hat das OLG Hamm in einem Fall, in dem die Vorfrage nach dem Bestehen der Ehe im Rahmen des Erbrechtsstatuts anzuknüpfen war, nach Darlegung der un-

---

157 Wengler, NJW 1981, 2617; Wolff, IPR 3. Auflage 1954, S. 80; MüKo-Sonnenberger, Einleitung IPR, Rn. 390ff, S. 93; Hausmann, StAZ 1982, 127; Böhmer, FS für Firsching 1985, 41.

158 Wengler, IPRax 1991, 106f.

159 MüKo-Sonnenberger, a.a.O., Rn. 395ff.

160 Melchior, S. 259.

161 Von Bar, IPR I, Rn. 618; Raape / Sturm, S. 290f.

162 Schurig, FS für Kegel 1987, 549ff.

163 Winkler von Mohrenfels, IPRax 1988, 341.

164 Müller-Freienfels, JZ 1983, 236.

165 Ferid, IPR, Rn. 4 II 2, S. 151.

166 BGH Beschluß v. 22. 1. 1965, BGHZ 43, 213 - 227; BGH Urteil v. 12. 3. 1981, NJW 1981, 1900 - 1901.

167 AG Tübingen, Beschluß v. 17. 10. 1988, IPRax 1988, 397; OLG Hamm, Beschluß v. 13. 8. 1992, DNotZ 1993, 821 - 825.

terschiedlichen Ansichten entschieden, die Vorfrage sei jedenfalls im gegebenen Fall infolge des ausgeprägten Inlandsbezugs selbständig anzuknüpfen.[168]

Ausnahmen zugunsten der unselbständigen Anknüpfung werden bei der Frage nach dem Bestehen einer Vorehe beim Eheverbot der Bigamie[169] und im Rahmen der Beurteilung namensrechtlicher Fragen[170] gemacht. Im letzten Fall ist der BGH jedoch im Jahre 1986 von der unselbständigen Anknüpfung insofern wieder abgerückt, als er festgestellt hat, die unselbständige Anknüpfung der Abstammung im Rahmen der Bestimmung namensrechtlicher Fragen gelte nur für Kinder, deren Status als ehelich oder nichtehelich feststehe. Die Frage, ob ein Kind ehelich sei, sei dagegen selbständig anzuknüpfen.[171]

(2) Stellungnahme

Mit der Rechtsprechung und einem Teil der Lehre sprechen sich also gewichtige Stimmen für die grundsätzlich selbständige Anknüpfung der Vorfrage nach der Ehe im Rahmen der Anknüpfung der Ehewirkungen für die Partner aus.

Dies entspricht der herrschenden Meinung in anderen Staaten Europas[172] und der allgemeinen Praxis vor der Entdeckung des Vorfragenproblems in den dreißiger Jahren. Damals knüpfte man Vorfragen selbständig an, ohne sich eines Problems bewußt zu sein. Der Entwicklung der Theorie von der unselbständigen Anknüpfung der Vorfrage in den dreißiger Jahren lag also keine kollisionsrechtliche Notwendigkeit zugrunde. Vielmehr sollte die unselbständige Anknüpfung zu materiell-rechtlich gerechteren Ergebnissen führen.

Daraus erklärt sich, daß auch die Vertreter der grundsätzlich unselbständigen Anknüpfung vielfältige Ausnahmen vorsehen und im Ergebnis nur noch in den Fällen zu einer unselbständigen Anknüpfung der Vorfrage der Ehe gelangen, in denen eine Ehe nach dem Eheschließungsstatut eine Nichtehe ist, nach dem Wirkungsstatut aber rechtliche Wirkungen hat.

Dafür stützen sie sich auf eine Entscheidung des BVerfG, das entschieden hat, § 1264 RVO sei dahin auszulegen, daß auch Hinterbliebene aus hinkenden Ehen, die in Deutschland echte Nichtehen seien, Witwen i. S. dieser Vorschrift seien und folglich einen Anspruch auf Witwenrente hätten.[173]

Fraglich ist, ob die unselbständige Anknüpfung das richtige Mittel ist, um diesen Fällen gerecht zu werden. Dagegen spricht bereits auf den ersten Blick, daß sich

168 OLG Hamm, Beschluß v. 13. 8. 1992, DNotZ 1993, 821 - 825.

169 BGH, Beschluß v. 12. 2. 1964, BGHZ 41, 136 - 151.

170 BGH Beschluß v. 15. 02. 1984, BGHZ 90, 129 (140); BayObLG, Beschluß v. 7. 5. 1986, IPRax 1987, 182 - 185.

171 BGH, Beschluß v. 9. 7. 1986, StAZ 1987, 16 - 18.

172 Füllemann-Kuhn, S. 27; Audit, DIP, S. 214.

173 BVerfG, Beschluß v. 30. 11. 1982, IPRax 1984, 88 - 90.

gerade in dem vom BVerfG entschiedenen Fall das Vorfragenproblem gar nicht stellt. Die einschlägigen Normen sind sämtlich solche des deutschen Rechts. Die Problematik der Nichtehen geht über die Vorfragenproblematik hinaus und kann deshalb über die Anknüpfung der Vorfrage nicht abschließend gelöst werden.

Im übrigen führt die grundsätzlich unselbständige Anknüpfung dazu, daß hinkende Ehen, die im Inland Nichtehen sind, regelmäßig nach dem Folgenstatut beurteilt werden. Damit wird die Bedeutung des Art. 13 EGBGB unnötig eingeschränkt. Rechtsfolgen einer Nichtehe können nur im Ausnahmefall angenommen werden, wenn die Ehegatten lange Zeit im Vertrauen auf die Wirksamkeit der Ehe zusammengelebt haben. Sonst würden die Partner einer Nichtehe gegenüber den Partnern einer vernichtbaren Ehe ohne Grund gleichgestellt. Eine Lösung dieser Fälle muß daher auf der Grundlage der selbständigen Anknüpfung gesucht werden.

Schließlich spricht gegen die unselbständige Anknüpfung, daß dabei entgegen einem ausdrücklichen inländischen Anwendungsbefehl eine ausländische Kollisionsnorm für die Beantwortung einer Vorfrage berufen wird.[174] Wenn sich diese Mißachtung der eigenen Vorschriften im Regelfall vielleicht noch damit begründen läßt, daß die für die Hauptfrage berufene deutsche Kollisionsnorm durch die Verweisung das Zurücktreten der eigenen Rechtsordnung zugunsten der anderen Rechtsordnung bekundet hat, so scheitert diese Lösung jedoch ganz, wenn infolge einer Sachnormverweisung wie in Art. 14 I Ziff. 3 EGBGB nicht das fremde Kollisionsrecht, sondern das fremde Sachrecht berufen wird. Nichts rechtfertigt dann den Sprung auf das fremde Kollisionsrecht.

Fraglich ist, ob eine alternative Anknüpfung der Vorfrage oder die Berücksichtigung des Grads des Inlandsbezuges eines Falles der selbständigen Anknüpfung vorzuziehen sind.

Die alternative Anknüpfung führt zu einer Begünstigung der Annahme von Wirkungen einer internationalen Ehe, für deren Berechtigung das Gesetz keinen Anhaltspunkt bietet.

Dagegen ist das Kriterium des Inlandsbezuges grundsätzlich zur Abgrenzung von selbständiger und unselbständiger Anknüpfung geeignet. Die selbständige Anknüpfung führt dazu, daß alle Fragen, die im inländischen Kollisionsrecht auftreten, gleich angeknüpft werden, unabhängig davon, ob sie als Hauptfrage oder als Vorfrage auftreten, sog. innerer Entscheidungseinklang. Dagegen wird als Argument für die unselbständige Anknüpfung das Ziel genannt, möglichst übereinstimmende Entscheidungen in den beteiligten Staaten herbeizuführen, sog. äußerer Entscheidungseinklang. Für die Frage, welchem der beiden Ziele im Einzelfall der Vorzug gegeben ist, kann der Inlandsbezug eines Falles eine wichtige Rolle spielen. Die innere Harmonie einer Rechtsordnung hat umso größere Bedeutung, je mehr Bezüge der Sachverhalt zum Inland aufweist.

---

174 Füllemann-Kuhn, S. 26; Vitta, S. 166f.

Das setzt jedoch voraus, daß innerer und äußerer Entscheidungseinklang gleichrangig nebeneinander stehen und nicht einem von beiden im Eherecht die größere Bedeutung zukommt.

Die Mißachtung des inneren Entscheidungseinklangs würde im Eherecht im schlimmsten Fall dazu führen, daß das interne Recht eine Eheschließung bejaht, an die sich überhaupt keine Folgen knüpfen. Es bliebe ein leeres Gebilde.[175] Andererseits könnten zwischen den Parteien nach dem internen Kollisionsrecht eherechtliche Wirkungen eintreten, ohne daß nach demselben Kollisionsrecht eine Ehe vorliegt. Diese Lösung führt zu nicht hinnehmbaren Widersprüchen in der eigenen Rechtsordnung.

Der äußere Entscheidungseinklang andererseits ist auch bei unselbständiger Anknüpfung der Ehe nur gewährleistet, wenn die berufene ausländische Rechtsordnung ihrerseits bei einer Rück- oder Weiterverweisung die Frage der Ehe unselbständig anknüpft, was nicht der überwiegenden Praxis entspricht.[176]

Daher ist jedenfalls im Eherecht von einem Überwiegen des internen Entscheidungseinklangs auszugehen. Gegen die Anknüpfung je nach Einzelfall sprechen im übrigen, soweit sie zur unselbständigen Anknüpfung führt, die oben bereits aufgezeigten dogmatischen Bedenken. Schließlich führt diese Anknüpfung zu Rechtsunsicherheit, die gerade im Bereich des Internationalen Privatrechts, das klare Anwendungsregeln bevorzugt und diese nur in Einzelfällen über den ordre public zugunsten einer Billigkeitskorrektur aufgibt, keinen Platz hat.

Die Rechtssicherheit wird durch die grundsätzlich selbständige Anknüpfung angestrebt.

Fraglich ist jedoch, ob dieses Ziel und damit der große Vorteil der selbständigen Anknüpfung nicht dadurch vereitelt wird, daß zu viele Ausnahmen von der selbständigen Anknüpfung nötig sind.

Das Oberlandesgericht München macht in einer Entscheidung aus 1987 zunächst eine Ausnahme für den Fall, daß ein Recht berufen ist festzustellen, ob das Verbot der Doppelehe vorliegt und sich in diesem Zusammenhang die Frage stellt, ob eine wirksame Vorehe besteht. Es meint, in diesem Fall müsse ausnahmsweise das auf die Frage der Bigamie anwendbare Recht auch über die Wirksamkeit der Vorehe entscheiden.[177] Dieser Entscheidung kann nicht zugestimmt werden, denn sie führt im Ergebnis zu einer teils bigamischen, teils nicht bigamischen Verbindung.

Eine Ausnahme zugunsten der lex causae wird desweiteren bei der Beurteilung der Staatsangehörigkeit gemacht, da jeder Staat selbst bestimmen soll, welche Per-

---

175 Staudinger-von Bar, Art. 14 EGBGB, Rn. 50; Audit, DIP, S. 215, der insbesondere betont, daß im Eherecht nicht die Ehe Vorfrage und die Folge Hauptfrage, sondern vielmehr die Ehe Hauptfrage und die Folge Nachfrage ist.

176 Audit, DIP, S. 214.

177 OLG München, Urteil v. 23. 09. 1987, IPRax 1988, 356.

sonen seine Staatsangehörigen sind.[178] Dies hat seinen Grund darin, daß es hier nicht um die Feststellung einer Ehewirkung geht, sondern öffentlich-rechtliche Normen lediglich an die Eheschließung anknüpfen. Im Rahmen öffentlich-rechtlicher Vorschriften kann eine andere Anknüpfung von Vorfragen richtig sein.

Schließlich wird teilweise eine Ausnahme bei der Beurteilung namensrechtlicher Fragen gemacht. Dies wird mit einer gesteigerten Bedeutung des äußeren Entscheidungseinklangs im Namensrecht begründet, da eine Person in jedem Land denselben Namen haben müsse.[179] Dagegen spricht, daß auch im Namensrecht ein äußerer Entscheidungseinklang von den Anknüpfungsgrundsätzen anderer Staaten abhängt.[180] Insbesondere wegen der unterschiedlichen Behandlung von Doppelstaatern und der in manchen Rechtsordnungen vorgesehenen Möglichkeit der Rechtswahl ist eine einheitliche Anknüpfung nicht gesichert.[181] Das Ziel des äußeren Entscheidungseinklangs ließe sich ausnahmslos nur über ein internationales Abkommen erreichen. Andererseits ließe sich die unselbständige Anknüpfung im Namensrecht wie im Staatsangehörigkeitsrecht mit der öffentlich-rechtlichen Funktion des Namens begründen. Zwar sind die Vorschriften über den Namen im deutschen Recht privatrechtlicher Art. Doch hat der Name eine Ordnungsfunktion. Durch die Neuregelung des Namensrechts in der Bundesrepublik Deutschland seit dem 01. 04. 1994 und die damit eingeführte Abschaffung des zwingenden gemeinsamen Ehenamens der Ehepartner ist der Name nicht mehr als notwendige Folge der Ehe zu verstehen. Eine solche Begründung der unselbständigen Anknüpfung stünde der durch die grundsätzlich selbständige Anknüpfung herbeigeführten Rechtssicherheit nicht entgegen. Da im Namensrecht jedoch keine zwingenden Gründe für die unselbständige Anknüpfung sprechen, ist auch hier die selbständige Anknüpfung vorzuziehen. Diese Lösung klingt auch in der neueren BGH-Rechtsprechung an.[182]

Die selbständige Anknüpfung hat also den Vorteil der Rechtssicherheit für sich. Sie gewährleistet die innere Entscheidungsharmonie und steht in Einklang mit dem Anknüpfungssystem. Ihr ist somit zu folgen.

Dieses Ergebnis bestätigt die oben erarbeitete gespaltene Anknüpfung der unwirksamen Ehe und ihrer Folgen für die Partner.

---

178 Auch: Audit, DIP, S. 216.

179 BGH, Beschluß v. 15. 02. 1984, BGHZ 90, 129 (140).

180 Vgl. oben S. 99.

181 Klinkhardt, IPRax 1986, 24.

182 BGH, Beschluß v. 09. 07. 1986, StAZ 1987, 16 - 18 (16).

4. Einordnung der neben den eigentlichen Unwirksamkeitsfolgen stehenden Ausgleichsansprüche wegen der Eingehung einer unwirksamen Ehe

In vielen Rechtsordnungen steht dem gutgläubigen Partner einer unwirksamen Ehe unter bestimmten Voraussetzungen neben den sich aus den vermögensrechtlichen Folgen der Ehe ergebenden Ansprüchen ein Schadensersatz-, Entschädigungs-, Ausgleichs- oder Unterhaltsanspruch gegen den Partner wegen der Eingehung der unwirksamen Ehe zu, § 826 BGB, art. 129 bis des italienischen codice civile, art. 98 des spanischen codigo civil, art. 225 des argentinischen bürgerlichen Gesetzbuchs, artt. 270ff analog des französischen code civil.

Fraglich ist, wie diese Ansprüche in das System der gespaltenen Anknüpfung einzuordnen sind.[183] Auch hier kommt zunächst eine Anknüpfung wie im Falle der Scheidung in Betracht.

Dafür könnte sprechen, daß die neuere französische Rechtsprechung den Ausgleichsanspruch des Gutgläubigen bei einer unwirksamen Ehe aus einer analogen Anwendung der Scheidungsvorschriften herleitet.[184] Dagegen spricht jedoch, daß die auf die Folgen der Scheidung anwendbaren Kollisionsnormen an die Ehe anknüpfen. Die Ansprüche des gutgläubigen Partners wegen der Eingehung der Ehe haben anders als die sich aus den vermögensrechtlichen Folgen der Ehe ergebenden Ansprüche aber ihren Grund nicht in der Ehe selbst. Sie entstehen auch nicht infolge der Auflösung der unwirksamen Ehe, sondern knüpfen vielmehr an den Tatbestand der Eheschließung selbst an. Die Ansprüche sind gerade auch für den Fall gedacht, daß die gutgläubig eingegangene „Ehe“ eine echte Nichtehe (ohne Rechtsfolgen) ist. Dem entspricht es, daß der Schadensersatz- oder Ausgleichsanspruch in den meisten Rechtsordnungen in Zusammenhang mit der Ehenichtigkeit geregelt ist.[185] Für diese Ansprüche paßt also die auf S. 94ff gefundene Anknüpfung der vermögensrechtlichen Folgen nicht.

Man könnte daran denken, diese Ansprüche dem Statut der unerlaubten Handlung zu unterstellen. Diese Lösung bietet sich insofern an, als das deutsche materielle Recht dem gutgläubigen Ehepartner wegen der unwirksamen Eheschließung nur unter den Voraussetzungen des § 826 BGB einen Schadensersatzanspruch gibt. Dagegen spricht jedoch, daß die Ansprüche wegen der Eingehung einer unwirksamen Ehe in den verschiedenen Rechtsordnungen nicht einheitlich als deliktische Ansprüche qualifiziert werden,[186] ihre funktionell gleiche Bedeutung aber zur Vermeidung von Wertungswidersprüchen eine einheitliche Anknüpfung gebietet.

---

183 Im französischen Recht regt Audit an, die Anwendung des Ehewirkungsstatuts auf diejenigen Folgen zu beschränken, die ihren Grund unmittelbar in der Ehe haben, so etwa den güterrechtlichen Ausgleich oder einen Ausgleichsanspruch für den mit der Nichtigerklärung fortgefallenen Unterhaltsanspruch, Audit, Clunet 1985, 505.

184 Cass. civ. 1re, 23 octobre 1990, JCP 1991 II 21774 (Leitsatz); note Monéger.

185 Vgl. oben S. 39, 40, 42ff.

Da bei der Verschiedenheit ihrer Ausgestaltung allen Ansprüchen eines Ehepartners wegen der unwirksamen Eheschließung der Bezug zu der fehlerhaften Eheschließung gemein ist, ist es sachgerecht, diese Ansprüche nun wirklich dem Recht zu unterstellen, das gemäß Art. 13 EGBGB die Ungültigkeit der Ehe ausspricht.[187] Die distributive Anknüpfung an das jeweilige Heimatrecht der Partner bietet insofern keine Schwierigkeiten, als die Partner in bezug auf diese Ansprüche unterschiedliche Rollen als Anspruchsberechtigter bzw. Anspruchsgegner haben. Es läßt sich ein „jeweiliges" Recht eindeutig feststellen. Fraglich ist lediglich, ob es auf das Heimatrecht des Verletzers bzw. Anspruchsgegners oder auf das Heimatrecht des Verletzten bzw. Anspruchsberechtigten ankommt. Das Landgericht Hamburg und das Oberlandesgericht Düsseldorf[188] haben bereits als Ersatzrecht für Art. 13 EGBGB das Heimatrecht des Verletzten angenommen und damit dessen Schutzwürdigkeit über die Interessen des Verletzers gestellt, der insoweit einer ihm fremden Rechtsordnung unterworfen wird. Dieses Ergebnis läßt sich mit einer Analogie zur Ubiquitätslehre bei Art. 38 EGBGB begründen. Da der Anspruchsgegner hier regelmäßig bösgläubig und damit weniger schutzwürdig ist, ist das Heimatrecht des Verletzten oder Anspruchsberechtigten als das „jeweilige" Recht anzuwenden.

---

186 Einige Rechtsordnungen kennen sogar Ausgleichs- und Unterhaltsansprüche, die nicht an die Bösgläubigkeit des Partners, sondern an seine größere finanzielle Leistungsfähigkeit anknüpfen, so Italien und Frankreich, vgl. oben S. 42ff.

187 Audit, Clunet 1985, 505.

188 LG Hamburg, Urteil v. 08. 10. 1975, IPRspr. 75 Nr. 38, S. 85 (88); OLG Düsseldorf, Urteil v. 27. 01. 1992, FamRZ 1992, 815ff.

Viertes Kapitel

Die Behandlung der Folgen der fehlerhaften Ehe für die aus der Verbindung hervorgegangenen Kinder im Kollisionsrecht

Zu prüfen bleibt, welches Recht auf die Frage nach der Ehelichkeit der Kinder aus einer nicht existenten oder vernichteten Ehe anzuwenden ist.

In Betracht kommt eine Anknüpfung gemäß Art. 19 I EGBGB. Danach unterliegt die „eheliche Abstammung" eines Kindes dem Recht, das nach Art. 14 I EGBGB für die allgemeinen Wirkungen der Ehe der Mutter bei der Geburt des Kindes maßgebend ist. Für den Fall, daß die Ehegatten im Zeitpunkt der Geburt verschiedenen Staaten angehören, können auch die Rechte dieser Staaten alternativ die Ehelichkeit begründen. Ist die Ehe vor der Geburt aufgelöst worden, kommt es für die Anknüpfung auf den Zeitpunkt der Auflösung an.

Fraglich ist der Anwendungsbereich dieser Vorschrift, das heißt die Bedeutung der Formulierung „eheliche Abstammung" im Tatbestand der Norm.

Nach der Stellungnahme des Bundesrates im Gesetzgebungsverfahren und der allgemeinen Meinung in der Literatur setzt diese Formulierung das Bestehen einer (gültigen) Ehe vor oder bei der Geburt voraus.[1]

Teilweise wird angenommen, Art. 19 I EGBGB könne nicht zur Anwendung kommen, wenn die Ehelichkeit von Kindern aus fehlerhaften Ehen in Frage stehe.[2] Die besondere Anknüpfung bei einer Geburt nach Auflösung der Ehe in Art. 19 I 3 EGBGB könnte dann nur in dem Sinne verstanden werden, daß sie sich auf die Fälle der Auflösung einer wirksamen Ehe, etwa durch Tod oder Scheidung, beschränkt. Gegen eine solche einschränkende Auslegung spricht jedoch, daß die vernichtbare Ehe kraft Definition bis zum Zeitpunkt der Vernichtung einer wirksamen Ehe gleichsteht und wie eine solche behandelt wird.

Die Ehelichkeit eines vor der Vernichtung geborenen Kindes aus einer vernichtbaren Ehe kann sich folglich nur nach Art. 19 I EGBGB bestimmen. Für eine sol-

---

1 Stellungnahme des Bundesrates, BT-Drucksache 10 / 504 S. 102, MüKo-Schwimann, Art. 19 EGBGB, Rn. 11; die entgegenstehende Ansicht von Neuhaus, FamRZ 1966, 146 zu Art. 18 EGBGB a.F., wonach diese Formulierung nur der Abgrenzung zu Art. 21 EGBGB diene, ist damit überholt.

2 Palandt-Heldrich, Art. 19 EGBGB, Rn. 6; Erman-Hohloch, Art. 19, Rn. 18; wohl auch Oberloskamp, ZBlfJR 1987, 545 (557f) für Kinder aus nichtigen Ehen.

che Auslegung der für die Anknüpfung nach Art. 19 EGBGB vorausgesetzten gültigen Ehe spricht auch die Wahl des Begriffs „Auflösung" in Art. 19 I 3 EGBGB, die den Oberbegriff für alle Formen der Beendigung einer Ehe darstellt. Diese Vorschrift bringt im übrigen zum Ausdruck, daß es für die Anknüpfung an Art. 19 EGBGB ausreicht, wenn eine gültige Ehe in dem vorstehend genannten Sinn einmal bestanden hat. Über diese Vorschrift werden daher auch die Kinder erfaßt, die nach der Auflösung einer wirksamen oder vernichtbaren Ehe geboren sind. Im Rahmen des Anknüpfungsgegenstandes der „Abstammung" bezieht sich die Vorschrift folglich gleichermaßen auf Kinder aus wirksamen, vernichtbaren und „vernichteten" Ehen. Nur im Fall einer Nichtehe kann die Vorschrift wegen des Postulats einer bestehenden oder aufgelösten Ehe nicht unmittelbar angewandt werden[3].

Fraglich ist jedoch, ob die Ehelichkeit von Kindern aus unwirksamen Ehen in den Regelungsgegenstand der Norm, nämlich die „Abstammung" fällt.

Teilweise wird „Abstammung" dahingehend verstanden, daß alle mit der Ehelichkeit des Kindes zusammenhängenden Fragen davon erfaßt werden.[4] Danach würden die Folgen der Vernichtung einer Ehe für die Ehelichkeit der Kinder von dem nach Art. 19 I EGBGB berufenen Recht bestimmt. Nach anderer Ansicht meint „Abstammung" nur die Frage, ob das Kind im speziellen Fall vom Ehemann der Mutter aus dieser Ehe stammt (Vaterschaftsvermutung, Empfängniszeit..), nicht dagegen die Frage der generellen Gleichstellung von Kindern aus fehlerhaft geschlossenen Ehen mit ehelichen Kindern. Letztere, hier interessierende Frage, unterläge dann dem Art. 13 EGBGB.[5]

Für die Entscheidung dieser Frage ist von Sinn und Zweck des Art. 19 I EGBGB auszugehen. Mit der Anknüpfung an Art. 14 EGBGB bemüht diese Vorschrift sich, die mit der ehelichen Kindschaft zusammenhängenden Fragen einem Recht zu unterstellen, das dem Kind nahe ist, dem Recht eines Staates, in dem regelmäßig sein Lebensmittelpunkt liegen wird. Damit soll dem Gedanken Rechnung getragen werden, daß es gerade für das Kind wichtig ist, einen möglichst engen Bezug zu dem Recht zu haben, das über die Beziehungen zu seinen Eltern entscheidet. Durch die Einführung der alternativen Anknüpfung an die Heimatrechte der Eltern im Zeitpunkt der Geburt in Art. 19 I 2 EGBGB wird zudem eine möglichst große Begünstigung der ehelichen Abstammung angestrebt. Diese Zwecke würden verfehlt, würde die entscheidende Frage der Gleichstellung von Kindern aus fehlerhaft geschlossenen Ehen mit ehelichen Kindern einem anderen Recht unterstellt. Auch diese Frage wird danach von Art. 19 I EGBGB erfaßt.

Dieser Lösung stehen auch nicht die Artt. 11, 13 EGBGB entgegen. Zwar verlangte oben[6] bei der Anknüpfung der Folgen für die Partner der Respekt vor diesen

---

3 Dazu unten S. 105.

4 Lüderitz, IPR, S. 180; Johannsen / Henrich, Art. 13 EGBGB, Rn. 17; Ferid, IPR, Rn. 8 - 248; Kropholler, IPR, § 44 III 3, S. 306; von Bar, IPR II, Rn. 106.

5 MüKo-Schwimann, Art. 19 EGBGB, Rn. 18, 42.

6 Dazu oben S. 85f.

Kollisionsnormen, das Ob der Wirkungen dem Eheschließungsstatut zu unterstellen. Hier geht es auch um das Ob der Folgen der Eheschließung, jedoch nicht für die Partner, sondern für Dritte. Dabei handelt es sich nicht um Ehewirkungen im eigentlichen Sinne. Der Anwendungsbereich der Artt. 11, 13 EGBGB wird nicht übermäßig eingeschränkt, wenn die Frage der Ehelichkeit der Kinder einem anderen Recht unterstellt wird.

Fraglich bleibt dann, wie die Frage der Ehelichkeit von Kindern aus void marriages und Nichtehen anzuknüpfen ist. Insoweit enthält das EGBGB eine Regelungslücke. Wie diese Lücke zu schließen ist, war bereits unter der insoweit vergleichbaren Rechtslage des EGBGB a.F. streitig und ist heute noch nicht geklärt.

Der BGH entschied im Jahre 1965, in den Fällen der Nichtehe bedürfe es für die Frage der Ehelichkeit der Kinder keiner Anknüpfung. Vielmehr gelte unmittelbar die Feststellung, die Kinder seien nichtehelich.[7] Einige Gerichte folgten dieser Entscheidung.[8] Das Landgericht Mannheim wandte Art. 18 EGBGB a.F. an.[9]

In der Literatur wurde auf die Ehelichkeit von Kindern aus Nichtehen teilweise das Recht angewandt, aus dem sich die Nichtexistenz der Ehe ergibt.[10] Teilweise wurde dieses Recht auf die Fälle beschränkt, in denen eine Nichtehe vorliegt, die Rechtsfolgen hat, während die echte Nichtehe aus materiellen Gründen stets die Nichtehehelichkeit der Kinder zur Folge habe.[11] Wieder anders wurde danach unterschieden, ob die Nichtexistenz der Ehe auf einer Anwendung des Art. 13 I EGBGB oder des Art. 13 III EGBGB a.F. (Art. 13 III 1 EGBGB n.F.) beruht. Im letzteren Fall richte sich die Ehelichkeit des Kindes nach dem von Art. 13 I EGBGB berufenen Recht, weil Art. 13 III EGBGB a.F. als ordre public-Vorschrift eng auszulegen sei.[12] Nach anderer Ansicht war in den Fällen einer Nichtehe gemäß Art. 13 III EGBGB a.F. das Kind ehelich, wenn nach dem Heimatrecht der Eltern ein aus einer Nichtehe hervorgegangenes Kind einem ehelichen gleichsteht oder wenn es gemäß Art. 19 EGBGB ehelich wäre. Wieder anders sollten Kinder aus einer Nichtehe ehelich sein, wenn sie nach dem Recht am Wohnsitzstaat der Eltern ehelich sind.[13] Nach der Gegenansicht sollte auch die Ehelichkeit von Kindern aus Nichtehen gemäß Art. 18 EGBGB a.F. anzuknüpfen sein.[14]

---

7 BGH, Beschluß v. 22. 01. 1965, BGHZ 43, 213 (218f).

8 LG Bonn, Beschluß v. 18. 01. 1985, StAZ 1985, 135; OLG Schleswig-Holstein, Beschluß v. 17. 01. 1974, StAZ 1974, 153f; OLG Karlsruhe, Beschluß v. 03. 04. 1967, StAZ 1968, 103f; OLG Oldenburg, Beschluß v. 21. 11. 1969, StAZ 1970, 74f; AG Hamburg, Beschluß v. 15. 01. 1970, StAZ 1970, 198; KG, Beschluß v. 19. 02. 1973, IPRspr. 73 Nr. 55, S. 134 - 137.

9 LG Mannheim, Beschluß v. 08. 11. 1966, FamRZ 1966, 634f.

10 Kegel, IPR, § 20 IV 3, S. 683; ebenso für das österreichische Recht Schwimann, S. 220; so zum neuen Recht auch Beitzke, ZBlfJR 1986, 477 (482).

11 Staudinger-Henrich, Art. 18 EGBGB, Rn. 27ff.

12 Raape, MDR 1948, 98 (99).

13 Dorenberg, S. 70ff (77, 82).

Bei der Lösung ist zunächst das materielle Recht zu betrachten. Den Vorschriften über die Ehelichkeit von Kindern aus wirksamen, vernichtbaren und Nicht-Ehen liegt gemeinsam die Idee zugrunde, Kindern, die in eine rechtliche Verbindung hineingeboren werden, bestimmte Rechte zu geben.

Dabei ist die Ehelichkeit der Kinder in den verschiedenen Rechtsordnungen heute weitgehend von der Frage nach einer Ehe gelöst. Viele Rechtsordnungen erkennen auch die Ehelichkeit von Kindern aus einer Nichtehe an, manche haben die Nichtehelichkeit ganz abgeschafft.[15] Im deutschen Recht ist die Abstammung jedenfalls nicht im Zusammenhang mit den Ehewirkungen, sondern in einem eigenen Titel des BGB im Abschnitt „Verwandtschaft" geregelt.

Diese Entwicklung hat in anderen Rechtsordnungen bereits ihren Niederschlag im Kollisionsrecht gefunden. So wurde im französischen Recht bis 1972 zwischen der Anknüpfung der ehelichen und der nichtehelichen Kindschaft unterschieden. Während erstere dem Recht der Ehewirkungen unterstellt wurde, wurde letztere vom Heimatrecht des Kindes beherrscht. Heute bestimmt art. 311 - 14 des code civil, eingeführt durch das Gesetz vom 03. 01. 1972, daß die Kindschaft sich nach dem Heimatrecht der Mutter im Zeitpunkt der Geburt richtet.

Die Gemeinsamkeiten zwischen den Vorschriften über die Ehelichkeit von Kindern aus wirksamen und unwirksamen Ehen und die Lösung der Ehelichkeit von der Voraussetzung einer bestehenden Ehe in vielen Rechtsordnungen rechtfertigen folglich die Anknüpfung an ein einheitliches Recht, Art. 19 I EGBGB. Auf die Ehelichkeit von Kindern aus Nichtehen und void marriages findet somit Art. 19 I EGBGB analoge Anwendung.

Welche Anforderungen dann im Einzelfall an die Ehelichkeit gestellt werden, bestimmt das Recht, das von Art. 19 EGBGB berufen wird. Dieses bestimmt insbesondere, ob eine Ehe vorausgesetzt wird.

Fraglich ist, welches Recht dann bestimmt, ob eine Ehe vorliegt und ob diese gültig ist.

Wie oben bereits ausgeführt wurde, ist bei der Vorfrage nach einer Ehe die selbständige Anknüpfung der unselbständigen vorzuziehen.[16] Im Rahmen der Anknüpfung der Ehelichkeit stellt sich jedoch die Frage, ob der Gedanke des „favor legitimationis" eine andere Anknüpfung verlangt.

Die unselbständige Anknüpfung läßt sich damit nicht begründen, da sie im Einzelfall ebensogut zu einem besseren wie zu einem schlechteren Ergebnis für das Kind führen kann.

---

[14] Wengler, JR 1963, 41; JZ 1965, 534, 536; Neuhaus, FamRZ 1966, 146; Henrich, FamRZ 1958, 123; Waldmann, S. 189.

[15] Ehelichkeit von Kindern aus Nichtehen z. B. in Griechenland, aus void marriages in England; Abschaffung der Nichtehelichkeit in Österreich und Spanien, vgl. oben Fußnoten 118, 119 und 163 im 2. Kapitel.

[16] Vgl. oben S. 97ff.

In Betracht kommt jedoch die insbesondere von Siehr[17] vorgeschlagene alternative Anknüpfung der Wirksamkeit der Ehe. Danach ist jeweils die Anknüpfung zu wählen, die für die Ehelichkeit des Kindes günstiger ist. Diese Anknüpfung führt tatsächlich zu einer größtmöglichen Begünstigung der Ehelichkeit des Kindes; sie geht in diesem Anliegen jedoch zu weit. Dem favor legitimationis wird nach der hier vertretenen Ansicht bereits dadurch hinreichend Rechnung getragen, daß die Frage, ob nur eine wirksame Ehe, eine existente Ehe oder auch eine Nichtehe für die Annahme der Ehelichkeit des Kindes ausreichen, sich nach Art. 19 EGBGB richtet und diese Vorschrift in Art. 19 I 2 EGBGB alternative Anknüpfungen zur Begünstigung der Ehelichkeit zur Verfügung stellt. Verlangt das Ehelichkeitsstatut das Vorliegen einer Ehe, so bestimmt sich dieses im Interesse der Rechtssicherheit ausschließlich nach dem Eheschließungsstatut.

Die Ehelichkeit der Kinder aus unwirksamen Ehen – vernichtbaren Ehen und Nichtehen – bestimmt sich folglich nach Art. 19 EGBGB (analog).

---

17 Siehr, StAZ 1971, 205 (212).

Fünftes Kapitel

Heilung unwirksamer Ehen auf der Ebene des Kollisionsrechts

Zu prüfen bleibt, wie die bereits[1] angesprochenen Fälle zu lösen sind, in denen die Partner einer fehlerhaften Ehe nach der Eheschließung Staatsangehörigkeit oder Wohnort gewechselt und im Vertrauen auf die Wirksamkeit ihrer Ehe zusammengelebt haben. Dieses Problem muß in einem größeren Zusammenhang gesehen werden, nämlich im Rahmen der Fragestellung, ob die Anknüpfung der Ehegültigkeit an Art. 11, 13 EGBGB infolge nach der Eheschließung eintretender Umstände, etwa längeren Zusammenlebens der Partner oder eines Wohnorts- oder Staatsangehörigkeitswechsels, einer Korrektur unterliegen kann.

A. Streitstand

Mit der vorstehenden Problematik war die deutsche Rechtsprechung bereits vielfach befaßt, wobei im Mittelpunkt der Diskussion solche Ehen standen, die wegen fehlender Mitwirkung eines Standesbeamten bei der Eheschließung nach dem Eheschließungsstatut als Nichtehen anzusehen waren.[2] In der Kriegs- und Nachkriegszeit wurden Ehen beispielsweise in der Bukowina ohne Mitwirkung staatlicher Behörden nur vor einem Priester geschlossen, weil staatliche Mitwirkung nicht erreichbar war. In diesen Fällen erkannte die Rechtsprechung Rechtswirkungen der Ehe an, wenn die Partner lange Zeit die Ehe gelebt hatten und von den Behörden als Ehegatten behandelt worden waren.[3]

---

1 Vgl. oben S. 97.

2 VG Berlin, Urteil v. 25. 11. 1954, FamRZ 1955, 70ff; OLG Stuttgart, Urteil v. 5. 11. 1962, FamRZ 1963, 39ff; BGH, Beschluß v. 6. 5. 1963, FamRZ 1963, 352ff; LG Kleve, Urteil v. 6. 5. 1964, FamRZ 1964, 365; OLG Nürnberg, Urteil v. 27.4. 1965, FamRZ 1965, 380f; OLG Hamm, Beschluß v. 30. 3. 1973, FamRZ 1973, 456ff; BSG, Urteil v. 30. 11. 1977, FamRZ 1978, 240f; AG Pinneberg, Urteil v. 27. 6. 1978, FamRZ 1978, 893; AG Kassel, Beschluß v. 12. 12. 1979, StAZ 1980, 155f; OLG Hamburg, Urteil v. 21. 2. 1980, FamRZ 1981, 356ff; BVerfG, Beschluß v. 30.11. 1982, IPRax 1984, 88ff; OLG Köln, Beschluß v. 10. 5. 1993, NJW 1993, 2755f.

3 OLG Stuttgart, Urteil v. 5. 11. 1962, FamRZ 1963, 39 (41).

Es war lange umstritten, ob über die Fälle der Unmöglichkeit formgerechter Eheschließung hinaus eine Frau, die viele Jahre im Vertrauen auf die Wirksamkeit ihrer Ehe mit ihrem Mann in Nichtehe zusammengelebt hatte, nach dessen Tod Witwenrente nach § 1264 RVO beanspruchen konnte.[4] Mit der bereits zitierten Entscheidung des Bundesverfassungsgerichts vom 30. 11. 1982[5] wurde dies unter Berücksichtigung des Art. 6 GG bejaht.

Offen ist dagegen weiterhin die Frage, ob bei einer Nichtehe in einem solchen Fall neben der sozialrechtlichen Folge der Witwenrente auch privatrechtliche Wirkungen zuerkannt werden können oder müssen. Das Oberlandesgericht Köln hat in seiner Entscheidung vom 10. 5. 1993[6] geäußert, der verfassungsrechtliche Schutz des Art. 6 GG sei nicht auf die Rechtsfolgen beschränkt, die an den Bestand der Ehe und deren Beendigung anknüpften. Im konkreten Fall gab das Gericht einer Frau darin recht, daß der Sterbeeintrag ihres Mannes auf „verheiratet" lauten mußte, nachdem der Mann – britischer Staatsangehöriger – mit der Antragstellerin eine hinkende Ehe (nach deutschem Recht Nichtehe, nach britischem Recht wirksam) geschlossen, die Antragstellerin später die britische Staatsangehörigkeit angenommen und beide über 44 Jahre zusammengelebt hatten.

Das Kammergericht hat im Jahre 1987 für die gemäß § 20 EheG nichtige Ehe entschieden, sie könne durch einen späteren Wechsel der Staatsangehörigkeit jedenfalls dann geheilt werden, wenn ein vollständiger Bruch mit der für das Eheschließungsstatut maßgebenden Rechtsordnung vorliege.[7]

Auch im Ausland hat sich die Rechtsprechung mit der vorstehenden Fragestellung beschäftigt.[8]

In der Literatur wird teilweise versucht, die Problematik über die Anknüpfung der Vorfrage zu lösen, ein Ansatz, der jedoch schon deshalb nicht weiterhilft, weil die Problematik, wie die Entscheidung des Bundesverfassungsgerichts vom 30. 11. 1982[9] zeigt, sich nicht nur bei der Anknüpfung der Ehe als Vorfrage stellt. Im übrigen wird der Gedanke einer heilenden Berücksichtigung nachträglich eintretender Umstände weitgehend begrüßt[10] und unter Schlagworten wie „Heilung

---

4 Ablehnend BSG, Urteil v. 30. 11. 1977, FamRZ 1978, 240 (241).

5 BVerfG, Beschluß v. 30. 11. 1982, IPRax 1984, 88 (89f).

6 OLG Köln, Beschluß v. 10. 5. 1993, NJW 1993, 2755 (2756).

7 KG, Beschluß v. 27. 1. 1986, IPRax 1987, 33f; dafür, daß beide Partner eine gemeinsame ausländische Staatsangehörigkeit erwerben müssen, auch OLG Koblenz, Urteil v. 21. 10. 1975, IPRspr. 1975, Nr. 39 S. 90; LG Koblenz, Urteil v. 24. 06. 1976, IPRspr. 1978 Nr. 44 S. 82.

8 Insbesondere in Israel und in Frankreich, vgl. Boulanger, S. 246.

9 BVerfG, Beschluß v. 30. 11. 1982, IPRax 1984, 88 - 90.

10 Bejahend: Raape, IPR, S. 243; Neuhaus, FS f. Schwind, IPR, Rn. 234, S. 112; Bosch, FamRZ 1965, 381; Thomas, S. 135ff; Siehr, FS f. Ehrenzweig, 143 - 164; ders., IPRax 1987, 19ff; Coester, StAZ 1988, 128; ablehnend: Böhmer, FS für Firsching, S. 48ff; Ferid, IPR, Rn. 8 - 77.

durch Statutenwechsel" und „Heilung von Nichtehen" nach dogmatischen Ansätzen gesucht. Entsprechend diesen Schlagworten werden als Kriterien für eine nachträgliche Korrektur der Anknüpfung an Art. 11, 13 EGBGB vorallem zwei Gesichtspunkte weitgehend getrennt diskutiert, nämlich das langjährige Zusammenleben verbunden mit dem Vertrauen auf die Wirksamkeit der Ehe und der Gesichtspunkt des Statutenwechsels.

B. Stellungnahme

Bei der Lösung dieser Frage ist in drei Schritten vorzugehen. Es ist zu untersuchen, unter welchen dogmatischen Gesichtspunkten eine Berücksichtigung von nach der Eheschließung eintretenden Umständen bei der Anknüpfung der unwirksamen Ehe möglich erscheint, ob und unter welchen konkreten Voraussetzungen eine entsprechende Korrektur auf internationaler Ebene zu begrüßen ist und wie diese Korrektur gegebenenfalls auszusehen hat.

I. Möglichkeit der Berücksichtigung von nach der Eheschließung eintretenden Umständen bei der Beurteilung der Wirksamkeit der Ehe im Internationalen Privatrecht

Für die Berücksichtigung von nach der Eheschließung eintretenden Umständen bei der Anknüpfung der Wirksamkeit der Ehe kommen unterschiedliche dogmatische Ansätze in Betracht, bei deren Beurteilung teilweise zwischen solchen Ehen, die nach dem Eheschließungsstatut fehlerhaft sind, aber dennoch Wirkungen haben können, und solchen, die nicht existent sind und daher überhaupt keine Rechtswirkungen entfalten (insbesondere Nichtehen nach Art. 13 III EGBGB), zu unterscheiden ist.

1. Das langjährige Zusammenleben der Partner

Dem Gedanken des langjährigen Zusammenlebens der Partner als Mann und Frau für sich gesehen kommt in den Fällen rechtlich existenter, fehlerhafter Ehen auf der internationalen Ebene keine Bedeutung zu. Soll ein Eheungültigkeitsgrund durch Zeitablauf oder durch das Zusammenleben der Partner geheilt werden, so ist diese Feststellung die Aufgabe des materiellen Rechts, denn diese Frage ist unabhängig davon, ob es sich um eine rein innerstaatliche oder eine die Grenzen überschreitende Ehe handelt.[11] Dementsprechend sehen die materiellen Rechte Heilungsvorschriften vor, § 17 II EheG, „marriage by cohabitation and repute“, „common law marriage“.

Bei der nach dem Eheschließungsstatut nicht existenten Ehe ohne jegliche Rechtswirkungen könnte dagegen auf der Ebene des Kollisionsrechts das langjährige Zusammenleben der Partner als Ehegatten zu berücksichtigen sein, nämlich dann, wenn dies auf materieller Ebene nicht möglich ist.

Hauptanwendungsfall ist die ohne Mitwirkung eines Standesbeamten auf deutschem Boden geschlossene Ehe. Eine solche Ehe ist nicht existent und kann nach der Vorstellung des materiellen deutschen Rechts nicht geheilt werden.[12] Einige Autoren haben versucht, eine Lösung auf der Ebene des materiellen Rechts herbeizuführen. Es wurde der Vorschlag gemacht, die Nichtehe einer nichtigen Ehe gleichzustellen;[13] nach anderer Ansicht soll jedenfalls § 17 II EheG auch auf die Nichtehe Anwendung finden.[14] Inwieweit diese Vorschläge de lege ferenda zu begrüßen sind, ist im Rahmen der vorliegenden kollisionsrechtlichen Arbeit nicht zu untersuchen. Eine Abkehr von der strengen Rechtsfolge der Nichtehe bei einer Eheschließung ohne die Mitwirkung eines Standesbeamten im materiellen Recht würde viele Probleme bei der Anknüpfung lösen, deren Grund häufig in der Vorschrift des Art. 13 III EGBGB gesehen wird.[15] Hier muß jedoch von den bestehenden Grundsätzen des materiellen Rechts ausgegangen werden, und das sind der Grundsatz der obligatorischen Zivilehe und der Grundsatz von der Nichtexistenz und der damit verbundenen Unheilbarkeit einer in Deutschland ohne Mitwirkung des Standesbeamten geschlossenen Ehe.

Auf internationaler Ebene kann auch die deutsche Nichtehe eine gewisse Existenz aufweisen, nämlich dann, wenn sie von einer anderen Rechtsordnung als wirksam angesehen wird, es sich also um eine „hinkende Ehe“ handelt. Wegen dieser Existenz ist eine Korrektur der Anknüpfung infolge des langjährigen Zusammenlebens der Partner möglich.

2. Der Statutenwechsel

Desweiteren kommt eine Korrektur unter dem Gesichtspunkt eines Statutenwechsels in Betracht, d. h., wenn die für die Anknüpfung der Ehegültigkeit bedeutsamen Tatsachen sich nach der Eheschließung ändern. Eine Heilung durch Statutenwechsel wird teilweise für den Fall bejaht, daß die Ehegatten später ihre Staatsangehörigkeit wechseln, ein vollständiger Bruch mit der die Eheschließung ur-

11 So auch Siehr, IPRax 1987, 20.

12 Vgl. oben S. 23.

13 Henrich, RabelsZ 37 (1973), 233ff (241).

14 LG Kleve, FamRZ 1964, 365.

15 Hepting, IPRax 1994, 355 (357, 359f).

sprünglich beherrschenden Rechtsordung erfolgt und die neue Rechtsordnung für die Beurteilung der Ehewirksamkeit günstiger ist.[16]

Andere Autoren lehnen eine Heilung durch Statutenwechsel ab und begründen dies mit der Unwandelbarkeit der Anknüpfung in Art. 13 EGBGB.[17] Für diese letzte Ansicht spricht der ausdrückliche Wortlaut des Art. 13 EGBGB: Art. 13 I EGBGB knüpft die Ehe an das Heimatrecht der „Verlobten". Von Verlobten läßt sich nur vor der Eheschließung sprechen. Darüberhinaus ist Sinn und Zweck der Anknüpfung der Ehe an die Staatsangehörigkeit die Tatsache, daß ein Statusverhältnis feststehen und nicht dauernden Wechseln unterliegen soll.[18] Dem entspricht die unwandelbare Anknüpfung. Soweit es um die Anknüpfung nach Art. 13 III EGBGB geht, kommt ein Statutenwechsel ohnehin nicht in Betracht: Der Eheschließungsort kann sich nicht ändern.[19]

3. Antizipierende Anknüpfung

Kegel schlägt vor, im Wege einer antizipierenden Anknüpfung das Recht des späteren gemeinsamen Wohnsitzes der Parteien zu wählen, wenn die Partner von vornherein vorhatten, in einem anderen Land zu leben.[20] Diese Lösung erfaßt nur sehr wenige Ehen; zudem ist ein entsprechender Wille der Partner schwer nachweisbar.

4. Wegfall des Regelungsinteresses des ursprünglich maßgeblichen Statuts

Man könnte jedoch für eine Korrektur der Anknüpfung auf das mangelnde Regelungsinteresse des ursprünglich auf die Eheschließung anwendbaren Rechts abstellen, wenn ein vollständiger Bruch mit dieser Rechtsordnung erfolgt ist. Dafür muß die Ehe unter der neuen gemeinsamen Heimatrechtsordnung der Partner gelebt werden. Allerdings müßte man darüberhinaus die Gutgläubigkeit der Partner im Zeitpunkt der Eheschließung fordern, da insbesondere im Fall einer bigamischen Ehe das Interesse des Eheschließungsstaates wegen der Schutzbedürftigkeit

---

16 KG, Beschluß v. 27. 1. 1986, IPRax 1987, 33 (34); Siehr, FS f. Ehrenzweig, S. 130 (143ff); ders., IPRax 1987, 21 mit dem Vorschlag einer neuen Kollisionsnorm; Schwimann, S. 204 ; Bayer / Knörzer / Wandt, FamRZ 1983, 773, beschränkt auf die Nichtigkeit gemäß Art. 13 I EGBGB.

17 Ferid, IPR, Rn. 8 - 77; MüKo-Sonnenberger, Einleitung IPR, Rn. 498; Henrich, S. 18.

18 A.A. Bayer / Knörzer / Wandt, FamRZ 1983, 773.

19 Kritisch zum Begriff des Statutenwechsels in diesem Zusammenhang auch MüKo-Sonnenberger, Einleitung IPR, Rn. 495.

20 Soergel-Kegel, Art. 13 EGBGB, Rn. 41 / 69; ebenso: OLG Koblenz, Teilurteil v. 07. 07. 1988, IPRspr. 88 Nr. 62 S. 129.

des ersten Ehegatten erhalten bliebe, wenn der Partner bewußt eine zweite Ehe einginge und dann die Staatsangehörigkeit wechselte.

5. Art. 6 GG

Eine Korrektur der Anknüpfung läßt sich schließlich begründen mit dem verfassungsrechtlich verankerten Grundsatz des Schutzes der Ehe, Art. 6 GG. Dieses Verfassungsprinzip steht über der gesamten Rechtsordnung und wirkt infolgedessen auch auf das Kollisionsrecht ein.[21]

II. Ratsamkeit und Notwendigkeit einer Korrektur der Anknüpfung

Fraglich ist, ob und unter welchen Voraussetzungen die nach dem vorher Gesagten mögliche Korrektur der Anknüpfung der Wirksamkeit der Ehe an das Eheschließungsstatut geboten ist.

Jede Korrektur infolge nach der Eheschließung eintretender Umstände greift ein in die positiv normierte Regelungszuständigkeit des Art. 13 EGBGB, so daß de lege lata eine Korrektur nur aufgrund der über dem Kollisionsrecht stehenden Verfassungsnormen in Betracht kommt.

Art. 6 GG gibt nicht nur ein Abwehrrecht gegen Eingriffe des Staates in die Ehe, sondern gewährleistet gleichzeitig einen besonderen Schutz der Ehe durch den Staat. Er verlangt, daß eine Ehe, wenn sie gelebt wird, Rechtswirkungen entfaltet, wobei der verfassungsrechtliche Begriff der Ehe nicht von vornherein auf die nach deutschem materiellem Eherecht wirksam geschlossene Ehe beschränkt ist, sondern auch allein nach ausländischem Recht wirksam geschlossene Ehen erfassen kann.[22]

Andererseits ist zu berücksichtigen, daß auch die Vorschrift des Art. 13 I EGBGB selbst in ihrer Zielsetzung der Vermeidung hinkender Ehen und der Stabilität der Anknüpfung Ausdruck des Art. 6 GG ist. Art. 13 I EGBGB gilt dem Schutz der Ehe. Eine Korrektur gemäß Art. 6 GG kommt daher nur dann in Betracht, wenn im Einzelfall der Schutz der konkreten gelebten Ehe wegen der sonst bestehenden besonderen Härten für die Partner Vorrang hat.

Die Annahme eines solchen Härtefalls setzt zunächst voraus, daß die nach dem Eheschließungsstatut unwirksame Ehe nach dem Recht eines anderen Staates wirksam ist. Die Partner müssen ferner schutzwürdig darauf vertraut haben, verheiratet

---

21 BVerfG, Urteil vom 4. 5. 1971, BVerfGE 31, 58.

22 BVerfG, Beschluß v. 30. 11. 1982, IPRax 1984, 88, 90; v. Münch / Kunig-Eva Marie von Münch, Art. 6 Rn. 4, 6.

zu sein. Das Vertrauen ist anzunehmen, wenn die Partner im Zeitpunkt der Eheschließung gutgläubig hinsichtlich der Wirksamkeit ihrer Ehe waren und später keine Veranlassung hatten, an der Wirksamkeit ihrer Ehe zu zweifeln, was voraussetzt, daß sie nach außen als Ehegatten auftraten und als Ehegatten behandelt wurden. Dieses Vertrauen ist nur dann schutzwürdig, wenn die Partner einige Zeit zusammengelebt haben und dadurch faktisch eine Situation geschaffen haben, die die Annahme der mit einer Ehe verbundenen Rechtsfolgen verlangt. Wie lange das Zusammenleben gedauert haben muß, kann nicht generell festgelegt werden. Es kommt vielmehr darauf an, ob im Einzelfall eine solche Situation einer faktischen Ehe vorliegt.[23] Es genügt nicht ein Zusammenleben an einem beliebigen Ort; vielmehr müssen die Ehegatten gerade unter der validierenden Rechtsordnung, also in deren Geltungsbereich, zusammengelebt haben. Durch die Annahme der Staatsangehörigkeit dieses Staates müssen die Partner ferner nachträglich die für die Anknüpfung der Eheschließung relevanten Beziehungen zu der validierenden Rechtsordnung geschaffen haben. Nur in diesem Fall dürfen sie auf ihre ausschließliche rechtliche Verbundenheit bezüglich der Eheschließung mit diesem Staat vertrauen.

Eine Korrektur der Anknüpfung der Eheschließung an Art. 13 I EGBGB ist also gemäß Art. 6 GG geboten, wenn die Ehepartner im Zeitpunkt der Eheschließung gutgläubig hinsichtlich der Wirksamkeit ihrer Ehe waren, später beide die Staatsangehörigkeit eines Staates erworben haben, der die Ehe für wirksam hält, oder, wenn ein Partner diese Staatsangehörigkeit bereits hatte, der andere diese Staatsangehörigkeit erworben hat, und die Partner in diesem Staat eine Zeitlang als Eheleute zusammengelebt haben und als solche behandelt worden sind.

Eine darüberhinausgehende Korrektur der Anknüpfung an Art. 13 EGBGB wegen anderer Gesichtspunkte ist wegen der verfassungsrechtlichen Bedeutung der Anknüpfung an Art. 13 EGBGB nicht möglich.

III. Inhalt der Korrektur

Fraglich ist schließlich, wie die Korrektur der Anknüpfung im einzelnen auszusehen hat.

Man könnte daran denken, in den Fällen, in denen die Voraussetzungen für eine Korrektur vorliegen, der Ehe lediglich einzelne, nach dem Ehewirkungsstatut bestehende Rechtsfolgen zuzuerkennen, um besondere Härten auszugleichen. In diese Richtung geht die Entscheidung des Bundesverfassungsgerichts zur Frage

23 In den von der deutschen Rechtsprechung entschiedenen Fällen lebten die Ehegatten regelmäßig über 10 Jahre, meist 20 - 50 Jahre zusammen. Der für eine Heilung auf materieller Ebene erforderliche Zeitablauf beträgt meist 5 Jahre. Für die Annahme einer „marriage by cohabitation and repute“ im schottischen Recht werden Zeiten von mehreren Monaten bzw. 1 Jahr genannt.

der Witwenrente,[24] wobei allerdings zu berücksichtigen ist, daß das Bundesverfassungsgericht in einem Verfassungsstreitverfahren tätig wurde und lediglich über die Frage zu entscheiden hatte, ob die Witwe einer Nichtehe einen Rentenanspruch hat.

In diesem Fall müßte man sich auf kollisionsrechtlicher Ebene weiterhin mit der Frage befassen, nach welchem Recht sich diese einzelnen Folgen richten sollen.

Auf der anderen Seite könnte man eine echte Heilung der Ehe annehmen dergestalt, daß die Ehegatten so behandelt werden, als hätten sie von vornherein eine wirksame Ehe geschlossen. Für diese Lösung spricht sich das Oberlandesgericht Köln in der bereits oben zitierten Entscheidung vom 10. 05. 1993[25] aus, wenn es dort beschließt, daß der Sterbeeintrag des Witwers einer unter der validierenden Rechtsordnung gelebten Nichtehe auf „verheiratet" lauten muß.

Die bloße Anerkennung einzelner Rechtsfolgen hätte den Vorteil, daß sie die grundsätzliche Entscheidung des Eheschließungsstatuts über die Unwirksamkeit der Ehe respektieren würde. Diesem Aspekt kommt jedoch insofern keine ausschlaggebende Bedeutung zu, als wegen der genannten engen Voraussetzungen der Korrektur ohnehin in allen Fällen ein Bruch mit der invalidierenden Rechtsordnung vorliegt und folglich das Interesse am Schicksal der Ehe entfällt. Da andererseits in vielen Fällen den Ehegatten nicht allein daran liegt, finanzielle Ansprüche zu haben, sondern als verheiratet zu gelten, und gerade dieses Anliegen auch von Art. 6 GG geschützt wird, ist eine echte Heilung der Ehe anzunehmen.

Es ist somit unter den genannten engen Voraussetzungen gemäß Art. 6 GG im Einzelfall eine Heilung der unwirksamen Ehe auf der Ebene des Kollisionsrechts anzunehmen.

---

24 BVerfG, Beschluß v. 30. 11. 1982, IPRax 1984, 88 - 90.

25 Vgl. oben Fußnote 6.

Sechstes Kapitel

Zusammenfassung und Ausblick

Abschließend ist rechtsvergleichend auf eine Entwicklung hinzuweisen, die zu einer ganz neuen Anknüpfung der Eheunwirksamkeit führen könnte. In jüngerer Zeit wird mehr und mehr die grundsätzliche Anknüpfung der Eheschließung an das jeweilige Heimatrecht der Verlobten in Frage gestellt. Während diese Anknüpfung lange Zeit vorherrschend war und lediglich im anglo-amerikanischen Rechtskreis die Anknüpfung an den Ort des ersten gemeinsamen Wohnsitzes etwa gleich viele Anhänger hatte,[1] sind in jüngerer Zeit auch im kontinentaleuropäischen Raum erste Anzeichen für eine Abkehr von der Anknüpfung an die Staatsangehörigkeit erkennbar. Schon im Jahre 1982 ist Griechenland dazu übergegangen, die sachlichen Voraussetzungen der Ehe nicht mehr kumulativ, sondern alternativ an die Heimatrechte der Ehegatten anzuknüpfen.[2] Wesentlich weiter gehen die neuen niederländischen und schweizerischen Kollisionsrechte. Art. 2 des niederländischen Gesetzes vom 07. 09. 1989, in Kraft getreten am 01. 01. 1990, bestimmt, daß eine im Inland geschlossene Ehe gültig ist, wenn jeder der Ehegatten die Voraussetzungen nach niederländischem Recht erfüllt und einer die niederländische Staatsangehörigkeit oder dort seinen gewöhnlichen Aufenthalt hat oder wenn jeder der künftigen Ehegatten die Voraussetzungen der Eheschließung des Staates erfüllt, dessen Staatsangehörigkeit er besitzt. Nach Art. 5 des Gesetzes ist eine Auslandsehe gültig, wenn sie nach dem Recht des Staates, in dem sie stattfand, rechtsgültig ist.[3]

Ähnlich wie das niederländische Recht stellt Art. 44,1 des schweizerischen IPR-Gesetzes von 1990 auf den Eheschließungsort ab. Für den Fall, daß beide Partner Ausländer sind, soll die im Inland geschlossene Ehe auch gültig sein, wenn die Voraussetzungen eines der Heimatrechte der Partner erfüllt sind.[4]

---

1 Im anglo-amerikanischen Raum ist die Anknüpfung der Eheschließung umstritten. Einige Entscheidungen knüpfen an das jeweilige „domicile“ der Partner im Zeitpunkt der Eheschließung an (dual domicile test), andere an den Ort des ersten gemeinsamen Wohnsitzes nach der Eheschließung (intended matrimonial home test), vgl. Collier, S. 301 - 304; in Deutschland war dagegen die Anknüpfung des Art. 13 EGBGB nie wesentlich in Gefahr, von Bar, IPR II, Rn. 128. Vorschläge, den Nupturienten ein Wahlrecht zwischen Heimatrecht und Aufenthaltsrecht zu geben, vgl. Simitis, StAZ 1975, 237 (243), fanden kein Echo.

2 Vgl. Art. 13 I 1 ZGB, dazu Chiotellis, IPRax 1982, 171.

3 Dazu Boele-Woelki, IPRax 1990, 337 - 342.

4 Dazu Dutoit in Broggini, S. 60.

Inwieweit sich de lege ferenda diese Anknüpfungen durchsetzen und bewähren, bleibt abzuwarten.

Zusammenfassend ist also die unwirksame Ehe im Internationalen Privatrecht wie folgt anzuknüpfen:

I. Die Unwirksamkeitsgründe und die Möglichkeit ihrer Beseitigung, die Frage, ob eine Ehe Nichtehe oder vernichtbar ist, die Geltendmachung der Unwirksamkeit, insbesondere die Klagebefugnis und die Frage, ob die unwirksame Ehe überhaupt Rechtswirkungen für die Partner entfaltet, richten sich nach dem Eheschließungsstatut, Art. 13 I und III, 11 I EGBGB. Sind danach mehrere Rechte gleichzeitig anwendbar, so gilt, wenn diese zu unterschiedlichen Ergebnissen kommen, das ärgere, strengere Recht.

II. Nach diesem Recht richten sich auch Ansprüche auf Schadensersatz, Entschädigung, Ausgleich etc., die ein Partner gegen den anderen wegen der Eingehung einer unwirksamen Ehe geltend macht. Unter mehreren hiernach zur Anwendung berufenen Rechten ist das Heimatrecht des Verletzten bzw. Anspruchsberechtigten maßgebend.

III. Ist eine Ehe nach dem Eheschließungsstatut unwirksam, so wird sie ausnahmsweise geheilt, wenn die Ehepartner im Zeitpunkt der Eheschließung gutgläubig hinsichtlich der Wirksamkeit ihrer Ehe waren, später beide die Staatsangehörigkeit eines Staates erworben haben, der die Ehe für wirksam hält oder, wenn ein Partner diese Staatsangehörigkeit bereits hatte, der andere die Staatsangehörigkeit des Partners erworben hat, die Ehepartner in diesem Staat lange Zeit ihren gemeinsamen gewöhnlichen Aufenthalt als Eheleute gehabt haben und als solche behandelt worden sind.

IV. Die einzelnen Rechtswirkungen der fehlerhaften Ehe für die Partner richten sich bei der vernichtbaren Ehe vor der Nichtigerklärung oder Aufhebung wie bei der wirksamen Ehe nach den Artt. 10, 14, 15, 18 I EGBGB; in allen anderen Fällen nach den im Falle der Scheidung auf die Folgen anwendbaren Kollisionsnormen, Artt. 10, 15, 17, 18 IV EGBGB (analog), wobei der für Art. 17 EGBGB maßgebende Anknüpfungszeitpunkt bei der vernichtbaren Ehe der Zeitpunkt des Antrags auf Nichtigerklärung oder Aufhebung, bei der void marriage nach englischem Recht die Nichtigerklärung und in den übrigen Fällen der void marriage oder Nichtehe der Zeitpunkt der Geltendmachung der Unwirksamkeit der Ehe ist. Anwendungsvoraussetzung ist jeweils, daß die fehlerhafte Ehe nach dem Eheschließungsstatut überhaupt Rechtsfolgen für die Partner hat.

V. Die Ehelichkeit der Kinder aus unwirksamen Ehen richtet sich bei den vernichtbaren Ehen nach Art. 19 EGBGB, bei void marriages und Nichtehen nach Art. 19 EGBGB analog.

VI. Soweit sich im Rahmen der Anknüpfung an Artt. 10, 15, 17, 18, 19 EGBGB die Vorfrage nach dem Bestehen einer (wirksamen) Ehe stellt, ist diese Vorfrage selbständig anzuknüpfen.

Literaturverzeichnis

Aretz, Hans / *Korth*, Jürgen: Internationales Privat- und Verfahrensrecht, Studien- und Praxishandbuch unter besonderer Berücksichtigung des Familien und Erbrechts, Köln 1989.

Aubry et Rau: Droit civil français, tome VII, 6 édition, refondue et mise au courant de la législation et de la jurisprudence par Paul Esmein, Paris 1948.

Audit, Bernard: Droit international privé, Paris 1991 (zit.: Audit, DIP).

– note (arrêt Cass civ 2 octobre 1984), Clunet 1985, 499 - 505.

Ballarino, Tito: Diritto internazionale privato, Padova 1982.

Bar, Christian von: Internationales Privatrecht, 1. Band, Allgemeine Lehren, München 1987; 2. Band, Besonderer Teil, München 1991, (zit.: von Bar, IPR I / II).

– Die eherechtlichen Konventionen der Haager Konferenz(en), in: RabelsZ 1993, 64 - 121.

Bartin, E.: Principes de droit international privé selon la loi et la jurisprudence françaises, tome II, Paris 1932.

Batiffol, Henri: Droit international privé, 4e édition Paris 1967 (zit.: Batiffol, DIP).

– note (arrêt Cass civ 6 mars 1956), Recueil Dalloz 1958, 709 - 711.

Batiffol, Henri / *Lagarde*, Paul: Traité de droit international privé, tome 2, 7e édition Paris 1983.

Battes, Robert: Sinn und Grund des Zugewinnausgleichs, in: FUR 1990, 311ff.

Bayer, Walter / *Knörzer*, Thomas / *Wandt*, Manfred: Zur Wirksamkeit einer unter Verletzung von Art. 13 III EGBGB geschlossenen Ehe, in: FamRZ 1983, 770 - 776.

Beitzke, Günther: Eheschließungsfreiheit und Eheschließungsform, in: Ars boni et aequi, Festschrift für Y.J. Hakulinen zum 70. Geburtstag, Helsinki 1972, S. 60 - 74 (zit.: Beitzke, FS f. Hakulinen).

– Neuerungen im internationalen Kindschaftsrecht, in: ZBlfJR 1986, 477 - 583.

Beitzke, Günther / *Lüderitz*, Alexander: Familienrecht, 26. Auflage München 1992.

Bergmann, Alexander / *Ferid*, Murad: Internationales Ehe- und Kindschaftsrecht, Band I, II, IV, 6. Auflage Frankfurt a.M. 1983ff, 123. Lieferung, abgeschlossen am 30. 11. 1995.

Beudant, Chr. / *Batiffol*, Henri: Cours de droit civil français, tome II (L'Etat et la capacité des personnes), 2e édition Paris 1936.

Bischoff, Jean-Marc: Mariage, Encyclopédie Dalloz, Droit international II, 1969, 285 - 307.

Böhmer, Christof: Heilung fehlerhafter Ehen durch Statutenwechsel? in: Festschrift für Karl Firsching zum 70. Geburtstag, München 1985, S. 41 (zit.: Böhmer, FS f. Firsching).

Boehmer, Gustav: Rechtsmißbräuchliche Erhebung der Nichtigkeitsklage bei Doppelehe, in: NJW 1959, 2185 - 2189.

Boele-Woelki, Katharina: IPR-Gesetzgebung in den Niederlanden – Das Namenskollisions- und das Ehekollisionsrecht, in: IPRax 1990, 337 - 342.

Bosch, Friedrich Wilhelm: Anmerkung zu OLG Nürnberg, Urteil v. 27. 04. 1965, FamRZ 1965, 380f, in: FamRZ 1965, 381.

Boulanger, François: Droit civil de la famille, tome 1 (Aspects internes et internationaux), 2e édition Paris 1992.

Bromley, P.M. & *Lowe*, N.V.: Bromley's Family Law, 8th edition London 1992.

Campos, Julio D. Gonzales / *Rozas*, J. Carlos Fernandez / *Caravaca*, Alfonso L. Calvo: Derecho internacional privado, parte especial, vol II, 5 edicion Madrid 1993.

Carbonnier, Jean: Droit civil, tome 2 – La famille, 16e édition Paris 1993.

Carnelutti, Francesco: Inesistenza dell'atto giuridico?, Rivista di Diritto processuale 1955, 208 - 211 (zit.: Riv. di dir. proc.).

Chappuis, Pierre: Die Eheungültigkeit im Internationalen Privatrecht, Dissertation Basel 1970.

Cheshire & North: Private International Law, bearbeitet von P.M. North and J.J. Fawcett, 12th edition London 1992.

Chiotellis, Aristide: Zur Einführung der Zivilehe in Griechenland – Sachnormen und Internationales Privatrecht, in: IPRax 1982, 169 - 173.

Cian, Giorgio / *Trabucchi*, Alberto: Commentario breve al codice civile, 4a édizione Padova 1992.

Cian, Giorgio / *Oppo*, Giorgio / *Trabucchi*, Alberto: Commentario al diritto italiano della famiglia, vol. 2, Padova 1992.

Cicu, Antonio / *Messineo*, Francesco: Trattato di diritto civile e commerciale, Tomo XLV (Diritto internazionale privato italiano), von Giorgio Balladore-Pallieri, Milano 1974.

Clive, Eric M. and *Wilson*, John G.: The Law of Husband and Wife in Scotland, 3rd edition Edinburgh 1992.

Coester, Michael: Probleme des Eheschließungsrechts in rechtsvergleichender Sicht, StAZ 1988, 122 - 129.

Collier, J.G.: Conflict of Laws, 2nd edition Cambridge 1994.

Colomo, Miguel Arjona: Derecho internacional privado, parte especial, Barcelona 1954.

Cretney, Stephen M. & *Masson*, J.M.: Principles of Family Law, 5th edition London 1990.

Demolombe, C.: Traité du mariage et de la séparation de corps, tome premier, 4e édition Paris 1869.

Deschenaux, Henri / *Tercier*, Pierre: Le mariage et le divorce, la formation et la dissolution du lien conjugal, Bern 1974.

Diena, Giulio: Principi di diritto internazionale, parte 2a, Diritto internazionale privato, 2a edizione Milano / Roma / Napoli 1914.

Dölle, Hans: Familienrecht – Darstellung des deutschen Familienrechts mit rechtsvergleichenden Hinweisen, Band 1, Karlsruhe 1964.

Dorenberg, Kristian: Hinkende Rechtsverhältnisse im internationalen Familienrecht, Berlin 1968.

Dutoit, Bernard: Il diritto di famiglia, in: Broggini, Gerardo, Il nuovo diritto internazionale privato in Svizzera, Milano 1990.

Erman, Walter (+ Bearbeiter): Handkommentar zum Bürgerlichen Gesetzbuch, Band 2, 9. Auflage Münster 1993.

Fadlallah, Ibrahim: La famille légitime en droit international privé, Paris 1977.

Ferid, Murad: Internationales Privatrecht, 3. Auflage Frankfurt a.M. 1986.

Ferid, Murad / *Sonnenberger*, Hans Jürgen: Das französische Zivilrecht, Band 3, Familienrecht / Erbrecht, 2. Auflage Heidelberg 1987.

Fine, J. David: The Rights of Putative Spouses: Choice of Law Issues and Comparative Insights, in: The International and Comparative Law Quarterly, vol. 32, London 1983, 708ff (zit.: Fine, I.C.L.Q.).

Finocchiaro, Alfio / *Finocchiaro*, Mario: Reforma del diritto di famiglia, Commento pratico alla legge 19 maggio, 1975 n. 151, vol. III, Milano 1979.

Firsching, Karl / *Hoffmann*, Bernd von: Internationales Privatrecht, einschließlich der Grundzüge des Internationalen Zivilverfahrensrechts, 4. Auflage München 1995.

Francescakis, Ph.: note (arrêt Cass civ 6 mars 1956), Revue critique de droit international privé 1956, 306 - 315 (zit.: Revue crit.dip).

Frankenstein, Ernst: Internationales Privatrecht (Grenzrecht), 3. Band Berlin-Grunewald 1934.

Füllemann-Kuhn, Verena: Die Vorfrage im Internationalen Privatrecht unter besonderer Berücksichtigung der bundesgerichtlichen Rechtsprechung, Dissertation Zürich 1977.

Gallardo, Ricardo: La solution des conflits de lois dans les pays de l'Amérique latine – Divorce, séparation de corps et nullité du mariage, Paris 1956.

Garcia Cantero, Gabriel: Nulidad de matrimonio, Actualidad Civil 1993, XXXI, Rn. 535ff.

Gernhuber, Joachim / *Coester-Waltjen*, Dagmar: Lehrbuch des Familienrechts, 4. Auflage München 1994.

Giardina, Andrea: Nullité du mariage et divorce en droit international privé italien, Netherlands International Law Revue 1972, 300 - 310.

Goldman, Berthold: note (arrêt Cour d'appel de Paris 1ère chambre, 15février 1950), Clunet 1951, 196 - 201.

Gollrad, Walter: Staatsangehörigkeit und gewöhnlicher Aufenthalt als funktionelle Anknüpfungspunkte im Bereich des internationalen Eherechts (Art. 13 - 17 EGBGB), Dissertation München 1973.

Gornati di Ciuceis, Claudia: Problemi di diritto internationale privato in tema die effetti del matrimonio invalido, Rivista di diritto internationale privato e processuale 1985, 507 - 528.

Hauser, Jean: Jurisprudence française en matière de droit civil – Personnes et droits de la famille, Revue trimestrielle de droit civil 1991, 273 - 314.

Hausmann, Rainer: Die Anerkennung nichtehelicher Kinder im deutsch-italienischen Rechtsverkehr, 2. Teil: Das Vaterschaftsanerkenntnis im deutschen und italienischen internationalen Privatrecht, in: StAZ 1982, 121 - 133.

Hegnauer, Cyril: Grundriß des Eherechts, 2. Auflage Bern 1987.

Hegnauer, Cyril / *Breitschmid*, Peter: Grundriß des Eherechts, 3. Auflage Bern 1993.

Heini, Anton / *Keller*, Max / *Siehr*, Kurt / *Vischer*, Frank / *Volken*, Paul: IPRG Kommentar, Kommentar zum Bundesgesetz über das Internationale Privatrecht (IPRG) vom 1. Januar 1989, Zürich 1983.

Henrich, Dieter: Internationales Familienrecht, Frankfurt a.M. 1989 (zit.: Henrich S.).

– Nichtehe und nichtige Ehe, in: RabelsZ 37 (1973) 230 - 244.

– Nichtigerklärung einer gemischtnationalen bigamischen Ehe, in: IPRax 1993, 236 - 237.

– Zur Anfechtung der Ehelichkeit eines Kindes im Internationalen Privatrecht, in: FamRZ 1958, 122 - 125.

Hepting, Reinhard: Der letzte Schritt zur Vollwirksamkeit nichtstandesamtlicher Eheschließungen: Kommt die Heilung mit Statusfolge?, in: IPRax 1994, 355 - 360.

Jayme, Erik / *Hausmann*, Rainer: Internationales Privat- und Verfahrensrecht, Textausgabe, 8. Auflage München 1996.

Jochem, Reiner: Die persönlichen Rechtsbeziehungen der Ehegatten in einer „hinkenden Ehe“ – ein Sonderproblem?, in: FamRZ 1964, 392 - 397.

Johannsen, Kurt H. / *Henrich*, Dieter: Eherecht – Scheidung-Trennung-Folgen – Kommentar, 2. Auflage München 1992.

Kahn, Ph.: note (arrêt Cass civ 15 janvier 1980), Clunet 1980, 323 - 327.

Kahn, Franz: Abhandlungen zum internationalen Privatrecht, Band I, München / Leipzig 1928.

Kegel, Gerhard: Internationales Privatrecht, 7. Auflage München 1995.

Klinkhardt, Horst: Eine verkürzte Ehelichkeitsanfechtung, das Vaterschaftsstatut und die Vorfrage, in: IPRax 1986, 21 - 24.

Koziol, Helmut / *Welser*, Rudolf: Grundriß des bürgerlichen Rechts, Band II – Sachenrecht, Familienrecht, Erbrecht, 7. Auflage Wien 1985.

Krause, Harry D.: Family Law – Cases, comments & questions, 2 edition St. Paul, Minn. 1983.

Kropholler, Jan: Internationales Privatrecht, 2. Auflage Tübingen 1994.

Kuthning, Eberhard: Die ursprünglich fehlerhafte Ehe im Internationalen Privatrecht, Dissertation Göttingen 1948.

Langner, Dirk: Eheschließung und Ehescheidung nach spanischem Recht, Dissertation Frankfurt a.M. 1984.

La Pradelle, Géraud de: Les conflits de lois en matière de nullités, Paris 1967.

Larenz, Karl: Methodenlehre der Rechtswissenschaft, 6. Auflage Berlin, Heidelberg, New York 1991.

Lopez, Antonio Marin / *Escudera*, Mercedes Moya / *Garcia* M. Luisa Trinidad / *Gonzalez*, Javier Carrascosa: Derecho internacional privado espanol, parte especial: Derecho civil internacional, 7e ed. Granada 1991.

Loussouarn, Yvon / *Bourel*, Pierre: Droit international privé, 4e édition Paris 1993.

Lüderitz, Alexander: Internationales Privatrecht, 2. Auflage Neuwied / Kriftel / Berlin 1992.

Marty, Gabriel / *Raynaud*, Pierre: Droit civil, Les personnes, 3e édition Paris 1976.

Mascala, Corinne: note (Cass civ 23 octobre 1990), D. 1991, 214 - 216.

Melchior, George: Die Grundlagen des deutschen internationalen Privatrechts, Berlin / New York 1971 (Nachdruck der ersten Auflage 1932).

Meroni, Rudolf: Dogmatik und praktische Bedeutung des schweizerischen Eheungültigkeitsrechts, Dissertation Zürich 1984.

Mestre, Jacques: Mariage (D.I.P.), Jurisclasseur, Droit international, Fasc. 546 – C, 1 - 19.

Monéger, Françoise: note (Cass civ 23 octobre 1990), J.C.P. 1991 II 21774f.

Müller-Freienfels, Wolfram: „Witwen"rente nach Nicht-Ehe auf Grund der Verfassung?, in: JZ 1983, 230 - 237.

– Anmerkung zu BGH, Urteil v. 29. 04. 1959, JZ 1959, 633 - 635, in: JZ 1959, 635 - 638.

Münchener Kommentar (+ Bearbeiter): Münchener Kommentar zum Bürgerlichen Gesetzbuch, Band 7 Einführungsgesetz zum Bürgerlichen Gesetzbuch, Internationales Privatrecht, 2. Auflage München 1990; Band 7 Familienrecht I, 3. Auflage 1993 (zit.: MüKo-Bearbeiter).

Münch, Ingo von / *Kunig*, Philip (+ Bearbeiter): Grundgesetz-Kommentar, Band 1 (Präambel bis Art. 20), 4. Auflage München 1992 (zit.: v. Münch / Kunig-Bearbeiter).

Nerson, Roger / *Rubellin-Devichi*, Jacqueline: Jurisprudence française en matière de droit civil, Revue trimestrielle de droit civil 1985, 317 - 337.

Neuhaus, Paul Heinrich: Die Grundbegriffe des Internationalen Privatrechts, 2. Auflage Tübingen 1976 (zit.: Grundbegriffe).

– Heilung von Nichtehen, in: Rechtsgeschichte – Rechtsvergleichung – Rechtspolitik, Festschrift für Fritz Schwind zum 65. Geburtstag, Wien 1978, S. 223 - 236 (zit.: Neuhaus, FS f. Schwind).

– Das Vorfragenproblem bei Feststellung des Status von Kindern nur kirchlich getrauter Ausländer, in: FamRZ 1965, 541 - 544.

– Anmerkung zu BayObLG, Beschluß v. 04. 01. 1966, FamRZ 1966, 144 - 146, in: FamRZ 1966, 146f.

Niboyet, J.P.: Traité de droit international privé français, tome VI / 1, Paris 1949.

Oberloskamp, Helga: Einführung in das internationale Kindschafts- und Jugendhilferecht, in: ZBlfJR 1987, 545 - 570.

Palandt, Otto (+ Bearbeiter): Bürgerliches Gesetzbuch, 55. Auflage München 1996 (zit.: Palandt-Bearbeiter).

Palsson, Lennart: Marriage in comparative conflict of laws: substantive conditions, The Hague 1981.

Papisca, Antonio: Il matrimonio putativo nel diritto internazionale privato, in: Diritto internationale rivista trimestrale di dottrina e documentazione 1969, 293 - 318.

Piret, René: note (Cour d'Appel de Liège, 19février 1953), Revue critique de jurisprudence belge, 256 - 269.

Planiol, Marcel / *Ripert*, Georges: Traité pratique de droit civil français, Tome II, La famille, par André Rouast, 2e édition Paris 1952.

Plaut, Guenter: Die materielle Eheungültigkeit im deutschen und schweizerischen internationalen Privatrecht, Dissertation Berlin 1934.

Pousson-Petit, Jacqueline: Le démariage en droit comparé, Etude comparative des causes d'inexistence, de nullité du mariage, de divorce et de séparation de corps dans les systèmes européens, Bruxelles 1981.

Raape, Leo: Internationales Privatrecht, 3. Auflage 1950; 5. Auflage 1961.

– Die Staatsangehörigkeit des Kindes aus einer von einem Engländer mit einer Deutschen hier nicht gemäß den deutschen Formvorschriften geschlossenen Ehe, in: MDR 1948, 98 - 101.

Raape, Leo / *Sturm*, Fritz: Internationales Privatrecht, Band 1: Allgemeine Lehren, 6. Auflage München 1977.

Rauscher, Thomas: Qualifikations- und Übergangsfragen im Kollisionsrecht der Scheidungsfolgen, in: IPRax 1988, 343 - 349.

Raymond, Guy: Mariage – demandes en nullités – mariage putatif, in: Juris-Classeur civil art. 201 et 202, Fasc.I.

Reithmann, Christoph / *Martiny*, Dieter (+ Bearbeiter): Internationales Vertragsrecht – Das internationale Privatrecht der Schuldverträge, 4. Auflage Köln 1988 (zit.: Reithmann / Martiny-Bearbeiter).

Rescigno, Pietro: Trattato di diritto privato, tome 2, Persone e Famiglia I, 2a edizione Torino 1984.

Rodriguez, Candido Paz-Arez / *Bercovitz*, Rodrigo / *Ponce de Leon*, Luis Diez-Picazo / *Coderch*, Pablo Salvador (Hrsg.) (+ Bearbeiter): Comentario del Codigo Civil, tomo 1, Madrid 1991 (zit.: Rodriguez / Bercovitz-Bearbeiter).

Rummel, Peter (+ Bearbeiter): Kommentar zum Allgemeinen Bürgerlichen Gesetzbuch, 2. Band, §§ 1175 - 1502 ABGB, Nebengesetze, 2. Auflage Wien 1992 (zit.: Rummel-Bearbeiter).

Salcedo, Juan Antonio Carrillo: La nouvelle réglementation du mariage dans le droit international privé espagnol, Revue critique 1983, 1 - 35.

Savatier R.: note (arrêt Paris 15février 1950), J.C.P. 50 II 5578.

Schurig, Klaus: Die Struktur des kollisionsrechtlichen Vorfragenproblems, in: Festschrift für Gerhard Kegel 1987 S. 549 - 598 (zit.: Schurig, FS f. Kegel).

Schwab, Dieter: Aspekte des Eheaufhebungsverfahrens nach der Eherechtsreform, in: Festschrift für Günther Beitzke zum 70. Geburtstag, 1979 S. 357 - 369 (zit.: Schwab, FS f. Beitzke).

Schwimann, Michael: Praxiskommentar zum Allgemeinen Bürgerlichen Gesetzbuch samt Nebengesetzen, Band 1 (§§ 1 - 284 ABGB, EheG, 1. DurchführungsVO EheG), Wien 1990.

Schwind, Fritz: Handbuch des österreichischen Internationalen Privatrechts, Wien / New York 1975 (zit.: Schwind, Handbuch).

– Internationales Privatrecht – Lehr- und Handbuch für Theorie und Praxis, Wien 1990 (zit.: Schwind, IPR).

Siehr, Kurt: Heilung durch Statutenwechsel, in: Gedächtnisschrift für Albert A. Ehrenzweig, Heidelberg 1976 S. 130ff (zit.: Siehr, FS f. Ehrenzweig).

– Die rechtliche Stellung von Kindern aus hinkenden Ehen – Zur alternativen Anknüpfung der Vorfrage in favorem legitimitatis, in: StAZ 1971, 205 - 213.

– Spezielle Kollisionsnormen für die Heilung einer unwirksamen Eheschließung durch „Statutenwechsel", in: IPRax 1987, 19 - 21.

Simitis, S.: Zur Reform des internationalen Eheschließungsrechts, in: StAZ 1975, 237ff.

Soergel (+ Bearbeiter): Bürgerliches Gesetzbuch mit Einführungsgesetz und Nebengesetzen, Band 8 der 11. Auflage: Einführungsgesetz, 11. Auflage Stuttgart / Berlin / Köln / Mainz 1984; Band 8 der 12. Auflage: Familienrecht II (§§ 1589 - 1921; EheG; HausratsVO), 12. Auflage Stuttgart / Berlin / Köln / Mainz 1987 (zit.: Soergel-Bearbeiter).

Spellenberg, Ulrich: Scheinehen, in: StAZ 1987, 33 - 41.

Statistisches Bundesamt (Hrsg.): Statistisches Jahrbuch 1995für die Bundesrepublik Deutschland, Wiesbaden 1995.

Staudinger (+ Bearbeiter): Kommentar zum Bürgerlichen Gesetzbuch mit Einführungsgesetz und Nebengesetzen, EGBGB; EGBGB, Art. 13 - 17, 10 / 11. Auflage Berlin 1973; EGBGB Einleitung zu Art. 7ff, Artt. 7 - 11, 12. Auflage Berlin 1984; Internationales Eherecht (Art. 13 - 17, Internationales Verfahrensrecht in Ehesachen), 12. Auflage Berlin 1992; Haager Kindschaftsrecht, Art. 18 u. 19, 12. Auflage Berlin 1979 (zit.: Staudinger-Bearbeiter).

Striewe, Peter: Ausländisches und internationales Privatrecht der nichtehelichen Lebensgemeinschaft, Köln / Berlin / Bonn / München 1986.

Thomas, Hans-Friedrich C.: Formlose Ehen, Eine rechtsgeschichtliche und rechtsvergleichende Untersuchung, Bielefeld 1973.

Thomson, J.M.: Family Law in Scotland, 2nd edition Edinburgh 1991.

Tolstoy, D.: The validation of void marriages, The Modern Law Review 1968, 657 - 66.

Trinidad Garcia, L.: Nulidad, separación y divorcio en Derecho internacional privado espanol: La reforma de 1981, Tesis doctoral Granada 1986.

Van Hecke, Georges / *Lenaerts*, Koen: Internationaal privaatrecht, 2e druk 1989.

Verwilghen, Michel: Rapport explicatif, in: Conférence de la Haye de droit international privé, Actes et documents de la 12e session, tome IV (Obligations alimentaires), La Haye 1975.

Vischer, Frank / *Planta*, Andreas von: Internationales Privatrecht, 2. Auflage Basel und Frankfurt a.M. 1982.

Vitta, Edoardo: Corso di diritto internazionale privato e processuale, 4a edizione à cura di Franco Mosconi, Torino 1991.

Waldmann, Klaus: International-privatrechtliche Anknüpfungsprobleme bei der Feststellung des Erststatus von Kindern im geltenden Recht und in den IPR-Reformvorschlägen,Dissertation Regensburg 1986.

Walker, David M.: Principles of Scottish Private Law, Vol. I, 4th edition Oxford 1989.

Weill, Alex: note (arrêt Cass civ 6 mars 1956), J.C.P. 1956 II 9549.

Wengler, Wilhelm: Die Vorfrage im Kollisionsrecht, RabelsZ 8, 148 - 251.

– Die Ehelichkeit der Kinder aus hinkenden Ehen griechischer Staatsangehöriger in Deutschland, in: JR 1963, 41 - 45.

– Anmerkung zu BGH, Beschluß v. 22. 01. 1965, JZ 1965, 531 - 534, in: JZ 1965, 534 - 537.

– Die Vorfrage nach der bestehenden Ehe, in: NJW 1981, 2617f.

– Überfragte Vorfrage, in: IPRax 1991, 105 - 107.

Winkler von Mohrenfels, Peter: Kollisionsrechtliche Vorfrage und materielles Recht, in: RabelsZ 51 (1987) 21 - 33.

– Hinkende Doppelehe, Vorfragenanknüpfung und Gestaltungswirkung inländischer Scheidungsurteile, in: IPRax 1988, 341 - 343.

Wolff, Martin: Das Internationale Privatrecht Deutschlands, 3. Auflage Berlin / Göttingen / Heidelberg 1954.

Zachariä von Lingenthal, Handbuch des französischen Civilrechts bearbeitet von Carl Crome, 3. Band, 8. Auflage Freiburg 1895.

Zitelmann, Ernst: Internationales Privatrecht, 2. Band München / Leipzig 1912.

Zweigert, Konrad / *Kötz*, Hein: Einführung in die Rechtsvergleichung, 3. Auflage Tübingen 1996.

Sachwortverzeichnis

FSC
www.fsc.org
MIX
Papier | Fördert
gute Waldnutzung
FSC® C083411

Kolibri 360 GmbH
Ferdinand-Jühlke-Straße 7
99095 Erfurt, Deutschland
produktsicherheit@kolibri360.de

Druck:
CPI Druckdienstleistungen GmbH
im Auftrag der
Kolibri 360 GmbH
Ferdinand-Jühlke-Str. 7
99095 Erfurt